FLORALE SCANDI SOCKEN STRICKEN

Impressum

Die Originalausgabe ist unter dem Titel
Villasukkatarha (2023) erschienen bei: Niina Laitinen
und Kustannusosakeyhtiö Otava

© Niina Laitinen und Kustannusosakeyhtiö Otava, 2023

Anleitungen und Strickschriften: Niina Laitinen
Fotos, Styling & Layout: Viola Virtamo

Für die deutsche Ausgabe:
Projektmanagement: Maria Möllenkamp
Übersetzung: Jaana Öxler
Lektorat: Anna Maier
Korrektorat: Brigitte Schnock
Satz: satz & repro Grieb, München
Umschlaggestaltung: Dominik Günzinger
Herstellung: Julia Hegele
Printed in Poland by CGS Printing

Sind Sie mit diesem Titel zufrieden? Dann würden wir uns über Ihre Weiterempfehlung freuen. Erzählen Sie es im Freundeskreis, berichten Sie Ihrem Buchhändler oder bewerten Sie beim Onlinekauf. Und wenn Sie Kritik, Korrekturen, Aktualisierungen haben, freuen wir uns über Ihre Nachricht an:
Christian Verlag, Postfach 40 02 09, 80702 München
oder per E-Mail an lektorat@verlagshaus.de.

Unser komplettes Programm finden Sie unter

Alle gezeigten Abbildungen sind urheberrechtlich geschützt. Eine gewerbliche Nutzung ist untersagt. Dies gilt auch für eine Vervielfältigung bzw. Verbreitung über elektronische Medien. Alle Angaben und Anleitungen sind mit größtmöglicher Sorgfalt zusammengestellt. Dennoch kann bei Fehlern keinerlei Haftung für direkte oder indirekte Folgen übernommen werden. Sollte dieses Werk Links auf Webseiten Dritter enthalten, so machen wir uns die Inhalte nicht zu eigen und übernehmen für die Inhalte keine Haftung.

In diesem Buch wird aus Gründen der besseren Lesbarkeit das generische Maskulinum verwendet. Weibliche und anderweitige Geschlechteridentitäten werden dabei ausdrücklich mitgemeint, soweit es für die Aussage erforderlich ist.

Die Deutsche Nationalbibliothek verzeichnet diese Publikation in der Deutschen Nationalbibliografie; detaillierte bibliografische Daten sind im Internet über http://dnb.d-nb.de abrufbar.

© 2024 Christophorus Verlag in der
Christian Verlag GmbH, München
Infanteriestraße 11a
80797 München

Alle Rechte vorbehalten

ISBN 978-3-8410-6778-4

Kreativ-Service

Sie haben Fragen zu unseren Büchern und Materialien? Wir beraten Sie gern rund um alle Kreativthemen. Rufen Sie uns einfach an. Wir interessieren uns auch für Ihre eigenen Ideen und Anregungen. Sie erreichen uns per E-Mail kreativ-service@c-verlag.de oder unter der Telefonnummer 0049-89-1306 99 577.

Besuchen Sie uns im Internet:  www.selbstgemacht.de

Niina Laitinen

Florale Scandi Socken
STRICKEN

VORWORT

Herzlich willkommen im bezaubernden Sockengarten!

Treten Sie ein, genießen Sie die sanfte Wärme und den berauschenden Duft.

Ob Frühling oder dunkle Winterzeit – mit diesem Buch tauchen Sie in immerwährende Gärten ein. Die enthaltenen Sockenmodelle wärmen Sie beim Gedanken an das erste Frühlingsgeflüster und den Erntezauber im Herbst mit seinem frischen Wind.

Tanzen Sie inmitten üppiger Blumenwiesen, bewundern Sie japanische Gärten und folgen Sie dem Flug der Kolibris durch Labyrinthe voller Blütenpracht von Bibernellrosen und Geranien.

Wie schon in meinen früheren Werken habe ich die mit anschaulichen Fotos präsentierten Modelle wie gewohnt zum einfachen Nachstricken angelegt. Die Anleitungen sind klar und mit ausführlichen Strickschriften erläutert. Ein Teil der Modelle ist für mehrere Größen ausgelegt. Die anderen Modelle können entsprechend der Hinweise im Kapitel »Abkürzungen und Stricktipps« mühelos auf andere Größen angepasst werden. Weitere Tipps erhalten Sie außerdem über die Facebook-Gruppe »Taimitarha«, wo sich Mitglieder über Fragen und Ideen zu meinen Anleitungen austauschen.

Dieses Buch ist eine Ode an die Natur, ihre vielen Gesichter und großen Gefühle.

Ich bedanke mich von Herzen bei meiner Mutter, Emma und dem begnadeten Hand-Finnished-Team für ihre Hilfe beim Stricken der gezeigten Modelle.

Ein herzliches Dankeschön auch an meinen Ehemann und meine Schwester für ihre Unterstützung auch in dunklen Zeiten.

Danke an meinen Vater, der immer an mich geglaubt hat, aber dieses Buch in seiner Vollendung nicht mehr erleben durfte.

Niina

INHALT

TAUSEND STRAHLENDE SONNEN 15

FRÜHLINGSGEFLÜSTER 23

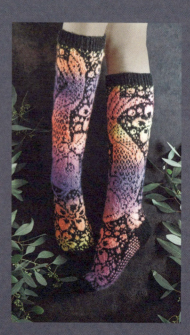

MORGENDÄMMERUNG 29

BLUMENMÄDCHEN 39

SCHÖNER MENSCH 45

SARAH 51

BIBERNELLROSEN 57

KRÄUTERGARTEN 65

PARADIESINSEL 71

GÄNSEBLÜMCHEN 81

ALTE GERANIE 89

IRRGARTEN 95

FLÜGEL DER NACHT 101

SILBERMOND 111

HIMMELSFLUSS 119

WEINGARTEN 125

GOLDENE BLÄTTER 131

UNTER DEM PFLAUMENBAUM 139

NORDKORN 145

VOM WINDE VERWEHT 151

ABKÜRZUNGEN UND STRICKTIPPS

In den Anleitungen werden Abkürzungen verwendet, damit der Text nicht zu lang wird. Manche Abkürzungen kommen in jeder Anleitung vor, andere wiederum nur in einigen. Die Erklärungen der Zeichen in den einzelnen Strickschriften finden Sie bei der jeweiligen Strickschrift.

M	Masche(n)
R, RD	Reihe(n), Runde(n)
RE	rechte, rechts
LI	linke, links
HIN-R	Hinreihe(n)
RÜCK-R	Rückreihe(n)
U	Umschlag. Der Faden wird von vorne nach hinten über die Nadel gelegt.
UMSCHLAG VON HINTEN NACH VORNE	Der Faden wird von hinten nach vorne über die Nadel gelegt. In einigen Modellen wird dieser Umschlag verwendet, damit sich die rechte Masche in der folgenden Runde/Reihe in die gewünschte Richtung neigt.
GLATT RE IN RUNDEN	Rechte Maschen stricken.
GLATT RE IN REIHEN	In der Hinreihe rechte Maschen, in der Rückreihe linke Maschen stricken.
KRAUS RE IN REIHEN	In allen Reihen rechte Maschen stricken.
2 M RE ZUSSTR	2 Maschen rechts zusammenstricken.
2 M LI ZUSSTR	2 Maschen links zusammenstricken.
ÜBZ	Überzug. 1 M wie zum Rechtsstricken abheben, 1 M rechts stricken, die abgehobene M über die gestrickte ziehen. Der Überzug kann durch die ssk-Abnahme ersetzt werden.
SSK	slip, slip, knit: abheben, abheben, stricken. 2 M nacheinander wie zum Rechtsstricken abheben, beide M zurück auf die linke Nadel legen und von hinten zusammenstricken. Die ssk-Abnahme kann durch den Überzug ersetzt werden.

* – *	Die Anleitung zwischen den Sternchen wiederholen.
1 M ABHEBEN, OHNE SIE ZU STRICKEN	Wird nicht angegeben, ob die Masche rechts oder links abgehoben wird, wird sie rechts abgehoben. Bei der verstärkten Ferse können Sie anstatt rechts abzuheben die Masche rechts verschränkt stricken, damit die Maschen sauberer aussehen.
1 M LI ABHEBEN, OHNE SIE ZU STRICKEN	Die Masche auf die rechte Nadel heben, der Faden liegt vor der Arbeit.
FERSEN-R	Zu den Gesamtreihen der Fersen werden nur die verstärkt gestrickten Reihen gezählt, wenn nicht anders angegeben.
ZUNAHME VON MASCHEN	Bei einigen Modellen werden für die Ferse eine oder mehrere Maschen zugenommen. Nehmen Sie dazu den Querfaden zwischen 2 M der Vorreihe auf und stricken Sie ihn rechts bzw. links verschränkt ab.
NADELVERTEILUNG	Alle Modelle werden mit 4 Stricknadeln eines Nadelspiels gestrickt. Bei fast allen Modellen ist die Maschenaufteilung angegeben. Falls nicht, hat sie keine Bedeutung. Gelegentlich unterscheidet sich die Maschenzahl auf einer Nadel durch Abnahmen und Zunahmen von einer anderen Nadel. Deshalb sollten Sie stets auf die richtige Gesamtzahl der Maschen achten.
NUMMERIERUNG DER ND	Mit der 1. und 4. Nadel wird die rückwärtige Sockenseite, mit der 2. und 3. Nadel die vordere Sockenseite gestrickt, wenn nicht anders angegeben.
LESERICHTUNG DER STRICKSCHRIFTEN	Die Strickschriften werden von rechts nach links und von unten nach oben gelesen, wenn nicht anders angegeben.
LESEN DER STRICKSCHRIFTEN FÜR LOCHMUSTER	Bei einigen Strickschriften für Lochmuster kann die Rd, die gerade gestrickt wird, aufgrund von Abnahmen und Zunahmen nicht direkt mit der Vorrunde verglichen werden. Stricken Sie eine Runde nach der anderen, unabhängig von den darunter liegenden Maschen, so wird das Lochmuster korrekt.
EINSTRICKMUSTER	Bei Einstrickmustern sollten die langen Spannfäden alle paar Maschen verkreuzt werden. Nach jeder gestrickten Nadel sollten Sie die Maschen etwas dehnen und dabei sicherstellen, dass das Gestrick elastisch ist.
MASCHENPROBE	Die Maschenprobe ist für jedes Modell angegeben. Wenn Sie Ihre Maschenprobe für ein bestimmtes Garn nicht wissen, empfehle ich, ein Probestück zu stricken und die Maschen zu zählen. Wenn die Maschenzahl Ihrer Maschenprobe größer ausfällt als in der Anleitung angegeben, werden die Socken kleiner, und umgekehrt.
ÄNDERN DER GRÖSSE	Sie können die Größe der Socken leicht ändern, indem Sie Nadeln anderer Stärke verwenden. Mit dickeren Nadeln erhalten Sie größere Socken und mit dünneren Nadeln kleinere. Einige Modelle haben fertige Anleitungen für unterschiedliche Größen oder Tipps zum Ändern der Größe.

VERWENDETE GARNE UND ALTERNATIVEN DAZU

DÜNNE SOCKENGARNE
*100 g mit Lauflänge 400–420 m,
empfohlene Nadelstärke 2,5 mm*

   Aara Mieli
   Austermann Step
   Drops Fabel
   Kaupunkilanka Keskustori
   Kirjo-Pirkka
   Lana Grossa Meilenweit
   Louhittaren Luola Väinämöinen
   Novita Venla
   Nurja merino sock
   Opal 4ply
   Regia 4ply
   Regia Premium Merino Yak
   Riikka-Piikan Hip Hei
   Socki Fine

*100 g mit Lauflänge 350–360 m,
empfohlene Nadelstärke 2,5–3,0 mm*

   Sulo Wool Mersukka
   Viking Nordlys

MITTELDICKE SOCKENGARNE
*100 g mit Lauflänge 250–270 m,
empfohlene Nadelstärke 3,0 mm*

   Aara Aatos
   Austermann Step 6
   Cewec Blossom Fade
   Gjestal Maija
   Kaupunkilanka Rotvalli
   Louhittaren Luola Väinämöinen sport
   Nordia Oona
   Novita Kajastus
   Novita Nalle
   Opal 6ply
   Regia 6ply
   Teetee Pallas

DICKE SOCKENGARNE
*100 g mit Lauflänge 200 m,
empfohlene Nadelstärke 3,5 mm*

   Adlibris Socki
   Gjestal Janne
   Kaupunkilanka Kivijalka
   Nordia Oiva
   Novita 7 Brothers
   Novita Runo
   Novita Woolly Wood
   Sandnes Garn Perfect
   Teetee Salla

TAUSEND STRAHLENDE SONNEN

Die Komposition dieser Socken erinnert an die ersten warmen Augenblicke im Frühjahr, wenn die Sonne mit ihren lieblich tanzenden Strahlen Stück für Stück an Kraft gewinnt. Die verschiedenen Zopfmuster entlang des Schafts kreieren eine lebendige Struktur, die sich auf Höhe des Knöchels in einem schlicht-schönen Lochmuster beruhigt.

Größe: 38/39
Wadenumfang: 35–40 cm
Garn: Novita Nalle, Messing (Fb 298)
Garnverbrauch: 160 g
Nadelspiel: 3,0 mm, Hilfsnadel
Maschenprobe: 24 M und 30 Rd = 10 cm × 10 cm

BEVOR SIE BEGINNEN

Die Nadelverteilung ändert sich im Laufe der Arbeit, da die Abnahmen, Zunahmen und Zöpfe zum Teil zwischen den Nadeln liegen. Achten Sie auf die korrekte Nadelverteilung, bevor Sie mit der Ferse und den Spitzenabnahmen beginnen; ansonsten hat sie keine Bedeutung. Für Socken in Größe 36/37 stricken Sie für den Fußteil 42 Rd, bevor Sie mit den Spitzenabnahmen beginnen, und Socken in Größe 41/42 werden vor den Spitzenabnahmen mit 54 Rd gestrickt.

SCHAFT

74 M anschlagen und auf den Nd verteilen: 23-14-14-23. Alle 115 Rd der Strickschrift A stricken. Mit den in der Strickschrift gezeichneten Wadenabnahmen reduziert sich die Maschenzahl auf 58 M. Vor der Ferse die M auf den Nd verteilen: 15-14-14-15.

FERSE

Mit der verstärkten Fersenwand beginnen, dazu die M der 1. Nd re auf die 4. Nd stricken (insg. 30 M). Die restlichen M bleiben ungestrickt.

Die Arbeit wenden, die 1. M li abheben, ohne sie zu stricken, die übrigen M li stricken. Gleichzeitig 2 M abnehmen, damit die Fersenwand 28 M hat.

Hin-R: Die Arbeit wenden, *1 M abheben, 1 M re*, *–* bis R-Ende wiederholen.

Rück-R: Die Arbeit wenden und 1 M li abheben, ohne sie zu stricken, die übrigen M li stricken.

Diese zwei R wiederholen, bis für die Fersenwand 28 R gestrickt sind und zuletzt eine Rück-R gestrickt wurde. Die Käppchenabnahmen in der nächsten Hin-R beginnen und weiterhin verstärkt stricken, bis noch 9 M auf der Nd sind. 1 ssk oder Übz stricken und die Arbeit wenden. Auf der anderen Nd sind 7 M. 1 M li abheben, ohne sie zu stricken, li stricken, bis 9 M übrig sind. 2 M li zusstr, die Arbeit wenden. 1 M abheben, ohne sie zu stricken, und verstärkt stricken, bis noch 8 M auf der Nd sind. 1 ssk oder Übz stricken und die Arbeit wenden. 1 M li abheben, ohne sie zu stricken, li stricken, bis 8 M übrig sind. 2 M li zusstr und die Arbeit wenden. So fortfahren, dabei werden die äußeren M in jeder R reduziert, die mittleren M bleiben gleich (12 M). Wenn die äußeren M aufgebraucht sind, die M der Fersenwand auf 2 Nd verteilen (6-6). 6 M re stricken, sodass der Faden zwischen der 1. und 4. Nd liegt.

FUSSTEIL

Aus dem linken Fersenrand mit der freien Nd 16 M auffassen. Die 6 M der 1. Nd stricken, danach die 16 aufgefassten M re verschränkt stricken. Mit der 2. und 3. Nd das Muster laut Strickschrift B arbeiten, dabei mit Rd 1 beginnen und Rd 1–6 wiederholen.

Aus dem rechten Fersenrand 16 M auffassen und re verschränkt stricken, dabei noch die 6 M der 4. Nd auf dieselbe Nd stricken. Die Arbeit hat jetzt 72 M.

Mit den Zwickelabnahmen beginnen: In jeder 2. Rd am Ende der 1. Nd 2 M re zusstr, am Anfang der 4. Nd 1 ssk oder Übz stricken. Mit der 2. und 3. Nd weiter im Muster stricken. Mit den Zwickelabnahmen fortfahren, bis noch 56 M (14-14-14-14) übrig sind. Mit der 1. und 4. Nd weiterhin re und mit der 2. und 3. Nd im Muster stricken. Wenn nach der Fersenwand insg. 48 Rd und zuletzt Rd 6 der Strickschrift B gestrickt sind, mit den Spitzenabnahmen beginnen.

Mit der 1. und 4. Nd eine breite Bandspitze arbeiten. Die Abnahmen zunächst in jeder 2. Rd stricken, bis noch 10 M pro Nd übrig sind. Danach in jeder Rd abnehmen.

1. Nd: re stricken, bis 3 M übrig sind; 2 M re zusstr, 1 M re.

4. Nd: 1 M re, 1 ssk, die übrigen M re stricken.

2. und 3. Nd: Die Spitzenabnahmen laut Strickschrift C stricken (Rd 1–15).

Wenn noch 8 M übrig sind, den Faden abschneiden und durch die M ziehen. Die Fadenenden vernähen und die Socken leicht dämpfen.

STRICKSCHRIFT A

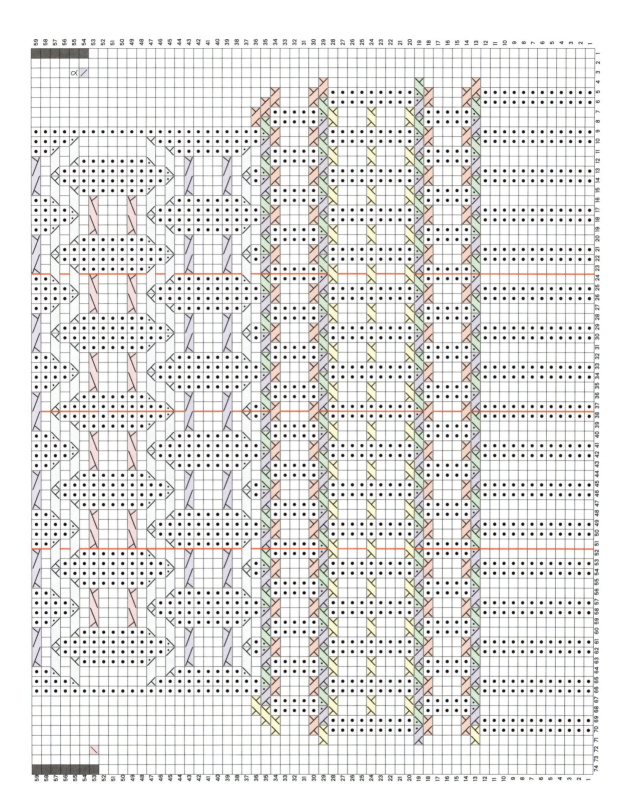

STRICKSCHRIFT B

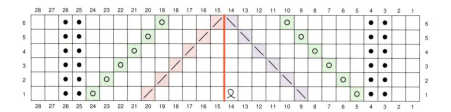

STRICKSCHRIFT C

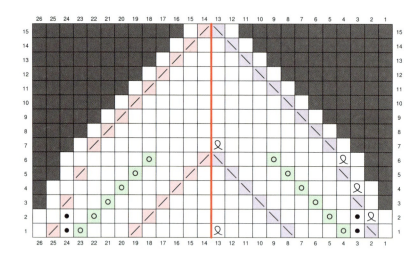

FRÜHLINGS-GEFLÜSTER

Wie mit einem sanften Flüstern öffnen sich die ersten Tulpen im Frühling. Sie strahlen in leuchtenden Farben und hauchen dem langsam erwachenden Garten Leben und Freude ein. Das wie Tulpen anmutende Lochmuster entsteht durch Umschläge und Abnahmen; das Modell ist auch gut für Anfänger*innen geeignet.

Größe: 38/39
Garn: Novita 7 Brothers, Täubling (Fb 273)
Garnverbrauch: 120 g
Nadelspiel: 3,5 mm
Maschenprobe: 20 M und 26 Rd = 10 cm × 10 cm

SCHAFT

47 M anschlagen und die M auf den Nd verteilen: 12-12-11-12. Zunächst den Schaft wie folgt stricken:
1. Nd: 1 re, 2 li, 2 re, 2 li, 2 re, 2 li, 1 re.
2. und 3. Nd: Rd 1–45 laut Strickschrift A.
4. Nd: 1 re, 2 li, 2 re, 2 li, 2 re, 2 li, 1 re.

Noch eine Rd wie folgt: Mit der 1. Nd im Bündchenmuster, mit der 2. und 3. Nd im Muster laut Strickschrift A (Rd 46), mit der 4. Nd re stricken.

FERSE

Mit der verstärkten Fersenwand beginnen, dazu die M der 1. Nd re auf die 4. Nd stricken (insg. 24 M). Die restlichen M bleiben ungestrickt. Die Arbeit wenden, die 1. M li abheben, ohne sie zu stricken, die übrigen M li stricken.
Hin-R: Die Arbeit wenden, *1 M abheben, ohne sie zu stricken, 1 M re*, *–* bis R-Ende wiederholen.
Rück-R: Die Arbeit wenden, 1 M li abheben, ohne sie zu stricken, die übrigen M li stricken.

Diese zwei R wiederholen, bis für die Fersenwand 24 R gestrickt sind und zuletzt eine Rück-R gestrickt wurde. Die Käppchenabnahmen in der nächsten Hin-R beginnen und weiterhin verstärkt stricken, bis noch 9 M auf der Nd sind. 1 ssk oder Übz stricken und die Arbeit wenden. Auf der anderen Nd sind 7 M.

1 M li abheben, ohne sie zu stricken, und li stricken, bis 9 M übrig sind. 2 M li zusstr und die Arbeit wenden. 1 M re abheben, ohne sie zu stricken, und verstärkt stricken, bis 8 M übrig sind. 1 ssk oder Übz stricken und die Arbeit wenden. 1 M li abheben, ohne sie zu stricken und li stricken, bis 8 M übrig sind. 2 M li zusstr und die Arbeit wenden. So fortfahren, dabei werden die äußeren M in jeder R reduziert, die mittleren M bleiben gleich (8 M). Wenn die äußeren M aufgebraucht sind, die M der Fersenwand auf 2 Nd verteilen (4-4). 4 M re stricken, sodass der Faden zwischen der 1. und 4. Nd liegt.

FUSSTEIL

Aus dem linken Fersenrand mit der freien Nd 14 M auffassen, die 4 M mit der 1. Nd stricken, danach die 14 aufgefassten M re verschränkt stricken. Mit der 2. und 3. Nd das Muster laut Strickschrift B arbeiten, mit der 1. Rd beginnen. Aus dem rechten Fersenrand 14 M auffassen und re verschränkt stricken, dabei noch die 4 M der 4. Nd auf dieselbe Nd stricken. Die Arbeit hat jetzt 59 M.

Mit den Zwickelabnahmen beginnen: In jeder 2. Rd am Ende der 1. Nd 2 M re zusstr, am Anfang der 4. Nd 1 ssk oder Übz stricken. Mit der 2. und 3. Nd weiter im Muster laut Strickschrift B stricken. Mit den Zwickelabnahmen fortfahren, bis 47 M (12-12-11-12) übrig sind. Mit der 1. und 4. Nd weiterhin re, mit der 2. und 3. Nd im Muster stricken. Wenn nach der Fersenwand alle 45 Rd der Strickschrift B gestrickt wurden, mit den Spitzenabnahmen beginnen:

Mit der 1. und 4. Nd eine breite Bandspitze arbeiten. Die Abnahmen in jeder 2. Rd stricken, bis 9 M pro Nd übrig sind. Danach in jeder Rd abnehmen.
1. Nd: re stricken, bis noch 3 M übrig sind; 2 M re zusstr, 1 M re.
4. Nd: 1 M re, 1 ssk, die restlichen M re stricken.
2. und 3. Nd: Die Spitzenabnahmen laut Strickschrift C stricken (Rd 1–12).

Wenn insg. noch 8 M übrig sind, den Faden abschneiden und durch die M ziehen. Die Fadenenden vernähen und die Socken leicht dämpfen.

STRICKSCHRIFT A

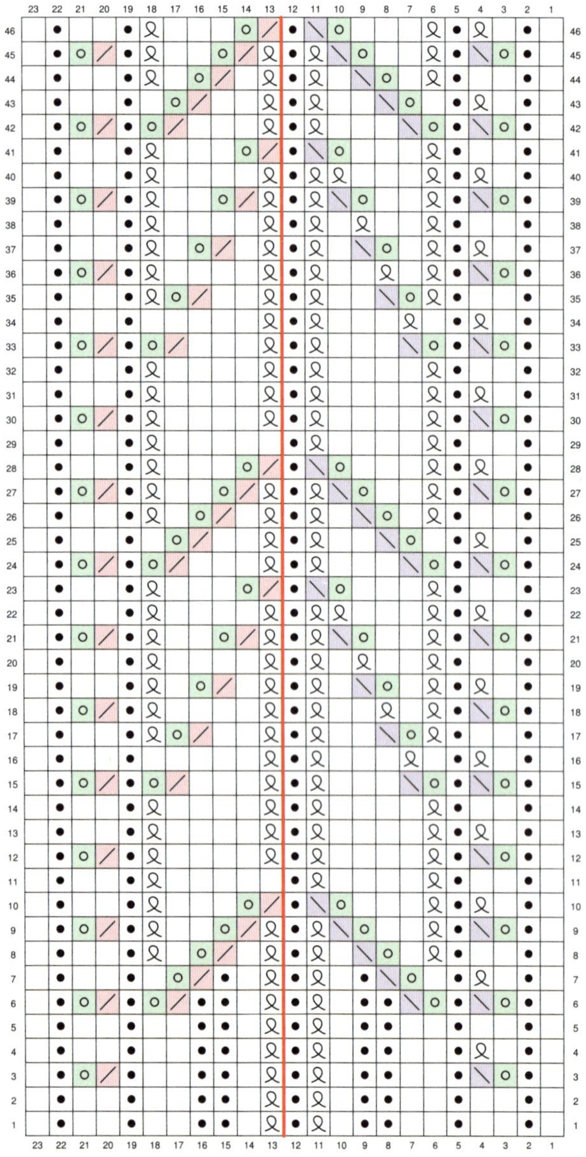

STRICKSCHRIFT B

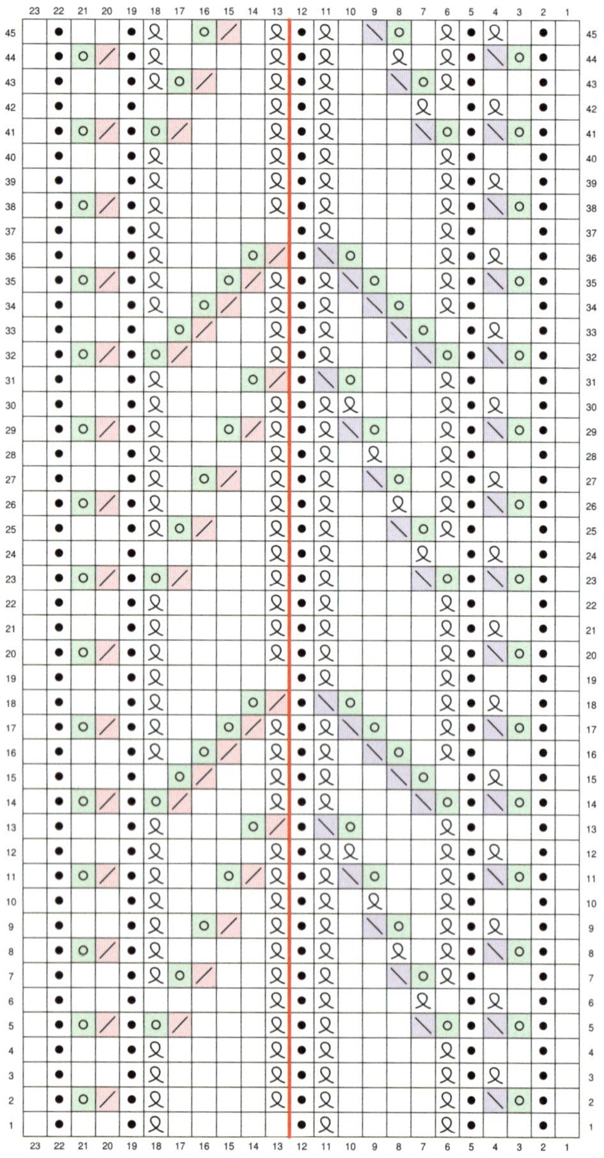

STRICKSCHRIFT C

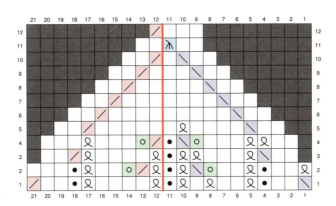

	1 M rechts
Q	1 M rechts verschränkt
•	1 M links
O	1 Umschlag
\	2 M nacheinander wie zum Rechtsstricken abheben, zurück auf die linke Nd legen und von hinten zusstr
/	2 M re zusstr
λ	1 M re abheben, 2 M re zusstr, die abgehobene M über die gestrickten M ziehen
	keine Masche
	Nadelverteilung

MORGENDÄMMERUNG

In der Morgendämmerung bringen die goldenen Flossen der Hechte die Teichoberfläche zum Schimmern. Diese märchenhaften Socken sind durch japanische Gärten mit ihren vielseitigen Formen inspiriert.

Größe: 39
Garn und Garnverbrauch: Grundfarbe Drops Fabel,
100 g Schwarz (Fb 400),
Musterfarbe Viking Nordlys, 60 g (Fb 941)
Nadelspiel: 2,5 mm
Maschenprobe: 31 M und 33 Rd = 10 cm × 10 cm

BEVOR SIE BEGINNEN

Die Strickschrift wird von unten nach oben und von rechts nach links gelesen. Die rechte und die linke Socke werden gegengleich gestrickt.
Verwenden Sie für die rechte Socke die Strickschriften A1 und B1, für die linke Socke die Strickschriften A2 und B2. Falls Sie fest stricken, können Sie für das Einstrickmuster ein Nadelspiel 3,0 mm nehmen oder die Socken mit einem 6-fädigen Garn stricken.

SCHAFT

90 M in der Grundfarbe anschlagen und die M auf den Nd verteilen: 22-23-23-22. Für das Bündchen die ersten 11 Rd laut Strickschrift A1/A2 stricken.

Nach dem Bündchen das Einstrickmuster laut der Strickschrift ab der 12. Rd beginnen. Den Schaft laut der Strickschrift arbeiten, dabei in den unten genannten Rd im Anfangsbereich der 1. Nd und im Endbereich der 4. Nd an geeigneter Stelle abnehmen.

Achtung! In der 69. Rd die M neu verteilen: 25-17-16-26.

Abnahmerunden: 48, 58, 65, 71, 78, 84, 88, 92, 96, 100, 104 und 107. Die Arbeit hat jetzt 66 M.

Wenn alle 124 Rd für den Schaft gestrickt sind, die M auf den Nd verteilen: 16-17-16-17.

FERSE

Mit der verstärkten Fersenwand in der Grundfarbe beginnen, dazu die M der 1. Nd auf die 4. Nd stricken (insg. 34 M). Die restlichen M bleiben ungestrickt. Die Arbeit wenden, die 1. M li abheben, ohne sie zu stricken, die übrigen M li stricken, dabei 2 M abnehmen. Die Fersenwand hat jetzt 32 M.

Hin-R: Die Arbeit wenden, *1 M abheben, 1 M re*, *–* bis R-Ende wiederholen.

Rück-R: Die Arbeit wenden und 1 M li abheben, ohne sie zu stricken, die übrigen M li stricken.

Diese zwei R wiederholen, bis für die Fersenwand 32 R gestrickt sind und zuletzt eine Rück-R gestrickt wurde.

Die Käppchenabnahmen in der nächsten Hin-R beginnen und weiterhin verstärkt stricken, bis noch 11 M auf der Nd sind. 1 ssk oder Übz stricken und die Arbeit wenden. Auf der anderen Nd sind 9 M. 1 M li abheben, ohne sie zu stricken, und li stricken, bis 11 M übrig sind. 2 M li zusstr und die Arbeit wenden. 1 M abheben, ohne sie zu stricken, und verstärkt stricken, bis noch 10 M auf der Nd sind. 1 ssk oder Übz stricken und die Arbeit wenden. 1 M li abheben, ohne sie zu stricken und li stricken, bis 10 M übrig sind. 2 M li zusstr und die Arbeit wenden.

So fortfahren, dabei werden die äußeren M in jeder R reduziert, die mittleren M bleiben gleich (12 M). Wenn die äußeren M aufgebraucht sind, die M der Fersenwand auf 2 Nd verteilen (6-6). 6 M re stricken, sodass der Faden zwischen der 1. und 4. Nd liegt.

FUSSTEIL

Aus dem Fersenrand mit der 1. Nd 18 M auffassen, mit der 4. Nd aus dem anderen Fersenrand ebenfalls 18 M auffassen. Die Arbeit hat jetzt 81 M. Mit dem Einstrickmuster laut Strickschrift B1/B2 mit der 1. Rd beginnen. Die aus dem Fersenrand aufgefassten M re verschränkt stricken.

Für die Zwickelabnahmen in den in der Strickschrift B angegebenen Rd (2, 4, 6, 8, 10, 12, 14 und 16) am Ende der 1. Nd 2 M re zusstr und am Anfang der 4. Nd 1 ssk oder Übz stricken. Die grau markierten Karos stellen keine Maschen dar. Nach den Zwickelabnahmen sind 65 M übrig: 16-17-16-16. Mit dem Einstrickmuster laut Strickschrift fortfahren (46 Rd). In der letzten Rd am Ende der 4. Nd 1 M abnehmen und die M auf den Nd verteilen: 16-16-16-16.

Die restliche Socke in der Grundfarbe stricken und eine breite Bandspitze arbeiten. Die Abnahmen in jeder 2. Rd stricken. Wenn 11 M auf der Nd übrig sind, in jeder Rd abnehmen.

1. und 3. Nd: re stricken, bis noch 3 M übrig sind; 2 M re zusstr, 1 M re.

2. und 4. Nd: 1 M re, 1 ssk, die restlichen M re stricken.

Wenn insg. noch 8 M übrig sind, den Faden abschneiden und durch die M ziehen. Die Fadenenden vernähen und die Socken leicht dämpfen.

STRICKSCHRIFT A1, RECHTE SOCKE

STRICKSCHRIFT A2, LINKE SOCKE

STRICKSCHRIFT B1, RECHTE SOCKE

1 M rechts (Grundfarbe)

1 M rechts (Musterfarbe)

1 M rechts verschränkt (Grundfarbe)

1 M links (Grundfarbe)

2 re zusstr (Grundfarbe)

ssk: 2 M nacheinander wie zum Rechtsstricken abheben, zurück auf die linke Nd legen und von hinten zusstr (Grundfarbe)

keine M

Nadelverteilung

STRICKSCHRIFT B2, LINKE SOCKE

BLUMENMÄDCHEN

*Im Lochmuster dieser Socken schwingt der Rocksaum eines
Mädchens, das mit seinem Korb voll prächtiger Wiesenblumen
ausgelassen durch den Garten hüpft.*

Größe: 37/39
Garn: Novita 7 Brothers Nature, Mimose (Fb 702)
Garnverbrauch: 95/105 g
Nadelspiel: 3,5 mm
Maschenprobe: 20 M und 26 Rd = 10 cm × 10 cm

BEVOR SIE BEGINNEN

Beide Größen werden zu Beginn nach derselben Anleitung gestrickt.
Danach sind die Abweichungen für Größe 39 blau markiert.

SCHAFT

47 M anschlagen und die M auf den Nd verteilen: 12-12-11-12. Zunächst 8 Rd wie folgt stricken:

1. Nd: 1 re, 2 li, 2 re, 2 li, 2 re, 2 li, 1 re.
2. und 3. Nd: Rd 1–8 laut Strickschrift A.
4. Nd: 1 re, 2 li, 2 re, 2 li, 2 re, 2 li, 1 re.

Mit der 1. und 4. Nd weiter re wie zuvor und mit der 2. und 3. Nd im Muster laut Strickschrift A (Rd 9–33) stricken. Wenn Sie einen längeren Schaft wünschen, die Rd 18–33 erneut stricken.

FERSE

Mit der verstärkten Fersenwand beginnen, dazu die M der 1. Nd re auf die 4. Nd stricken (insg. 24 M). Die restlichen M bleiben ungestrickt. Die Arbeit wenden, die 1. M li abheben, ohne sie zu stricken, die übrigen M li stricken.

Hin-R: Die Arbeit wenden, *1 M abheben, ohne sie zu stricken, 1 M re*, *–* bis R-Ende wiederholen.

Rück-R: Die Arbeit wenden, 1 M li abheben, ohne sie zu stricken, die übrigen M li stricken.

Diese zwei R wiederholen, bis für die Fersenwand 24 R gestrickt sind und zuletzt eine Rück-R gestrickt wurde.

Die Käppchenabnahmen in der nächsten Hin-R beginnen und weiterhin verstärkt stricken, bis noch 9 M auf der Nd sind. 1 ssk oder Übz stricken und die Arbeit wenden. Auf der anderen Nd sind 7 M. 1 M li abheben, ohne sie zu stricken, li stricken, bis 9 M übrig sind.

2 M li zusstr und die Arbeit wenden. 1 M re abheben, ohne sie zu stricken, und verstärkt stricken, bis 8 M übrig sind. 1 ssk oder Übz stricken und die Arbeit wenden. 1 M li abheben, ohne sie zu stricken und li stricken, bis 8 M übrig sind. 2 M li zusstr und die Arbeit wenden.

So fortfahren, dabei werden die äußeren M in jeder R reduziert, die mittleren M bleiben gleich (8 M). Wenn die äußeren M aufgebraucht sind, die M der Fersenwand auf 2 Nd verteilen (4-4). 4 M re stricken, sodass der Faden zwischen der 1. und 4. Nd liegt.

FUSSTEIL

Aus dem linken Fersenrand mit der freien Nd 14 M auffassen, die 4 M mit der 1. Nd stricken, danach die 14 aufgefassten M re verschränkt stricken. Mit der 2. und 3. Nd das Muster laut Strickschrift B arbeiten, mit Rd 1 beginnen. Aus dem rechten Fersenrand 14 M auffassen und re verschränkt stricken, auf dieselbe Nd noch die 4 M der 4. Nd stricken. Die Arbeit hat jetzt 59 M.

Mit den Zwickelabnahmen beginnen: In jeder 2. Rd am Ende der 1. Nd 2 M re zusstr, am Anfang der 4. Nd 1 ssk oder Übz stricken. Mit der 2. und 3. Nd weiter im Muster laut Strickschrift B stricken. Mit den Zwickelabnahmen fortfahren, bis 47 M (12-12-11-12) übrig sind. Mit der 1. und 4. Nd weiterhin re, mit der 2. und 3. Nd im Muster stricken. Wenn nach der Fersenwand 41 Rd/44 Rd gestrickt sind, mit den Spitzenabnahmen beginnen und mit der 1. und 4. Nd eine breite Bandspitze arbeiten. Die Abnahmen zunächst in jeder 2. Rd stricken. Wenn noch 9/8 M pro Nd übrig sind, die Abnahmen in jeder Rd stricken.

1. Nd: re stricken, bis noch 3 M übrig sind; 2 M re zusstr, 1 M re.

4. Nd: 1 M re, 1 ssk, die restlichen M re stricken.

2. und 3. Nd: Die Spitzenabnahme laut Strickschrift C1/C2 (Rd 1–12/1–13) stricken.

Wenn noch 8 M übrig sind, den Faden abschneiden und durch die M ziehen. Die Fadenenden vernähen und die Socken leicht dämpfen.

STRICKSCHRIFT A

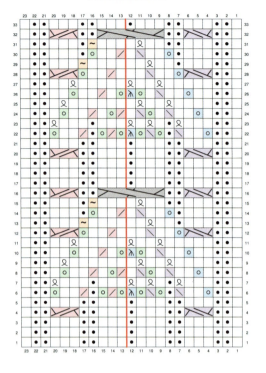

STRICKSCHRIFT B

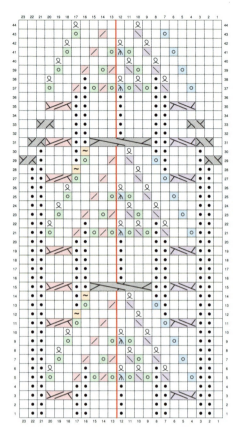

STRICKSCHRIFT C1 (37)

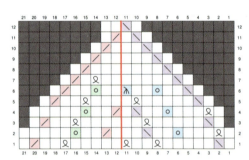

STRICKSCHRIFT C2 (39)

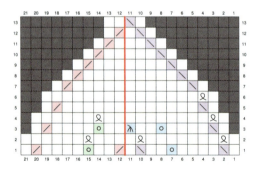

- 1 M rechts
- 1 M rechts verschränkt
- 1 M links
- 2 M nacheinander wie zum Rechtsstricken abheben, zurück auf die linke Nd legen und von hinten zusstr
- 2 M re zusstr
- 1 Umschlag
- 1 Umschlag von hinten nach vorne
- 1 M links verschränkt
- 1 M re abheben, 2 M re zusstr, die abgehobene M über die gestrickten M ziehen
- 1 M auf eine Hilfsnadel vor die Arbeit legen, 2 M re, die M der Hilfsnadel re
- 2 M auf eine Hilfsnadel hinter die Arbeit legen, 1 M re, die 2 M der Hilfsnadel re
- 3 M auf eine Hilfsnadel vor die Arbeit legen, 1 M auf eine Hilfsnadel hinter die Arbeit legen, 3 M re, die M von der hinteren Hilfsnadel li, die 3 M von der vorderen Hilfsnadel re
- 1 M auf eine Hilfsnadel vor die Arbeit legen, 1 M re, die M der Hilfsnadel re
- 1 M auf eine Hilfsnadel hinter die Arbeit legen, 1 M re, die M der Hilfsnadel re
- keine M
- Nadelverteilung

SCHÖNER MENSCH

*Wie der Lotus können wir uns aus sumpfigem Boden erheben
und in Reinheit und Schönheit erblühen.*

*»Die schönsten Menschen sind diejenigen, die Niederlagen,
Kampf und Verlust erfahren haben und ihren Weg aus den
Tiefen gefunden haben.«*
Elisabeth Kübler-Ross

Größe: 39
Garn und Garnverbrauch: Grundfarbe Novita 7 Brothers,
105 g Weiß (Fb 011)
Musterfarbe: Novita Runo, 60 g Feuerwerk (Fb 950)
Nadelspiel: 3,5 mm
Maschenprobe: 20 M und 26 Rd = 10 cm × 10 cm

BEVOR SIE BEGINNEN

Die Strickschrift wird von unten nach oben und von rechts
nach links gelesen. Bündchen, Ferse und Sockenspitze werden in der
Grundfarbe gestrickt.

SCHAFT

57 M in der Grundfarbe anschlagen und auf den Nd verteilen: 15-14-12-16. Das Bündchenmuster laut Strickschrift A, Rd 1–8 stricken. Noch Rd 9 re stricken und die M auf den Nd verteilen: 16-13-12-16.

Das Einstrickmuster laut Strickschrift A ab der 10. Rd beginnen und den Schaft laut der Strickschrift arbeiten, dabei in den unten genannten Rd wie markiert abnehmen.

Abnahmen:

21. Rd: Mit der 4. Nd abnehmen.

22. Rd: Mit der 1. Nd abnehmen (die Arbeit hat 55 M).

26. Rd: Mit der 4. Nd abnehmen.

27. Rd: Mit der 1. Nd abnehmen (die Arbeit hat 53 M).

38. Rd: Mit der 4. Nd abnehmen.

39. Rd: Mit der 1. Nd abnehmen (die Arbeit hat 51 M).

Wenn alle 54 Rd für den Schaft gestrickt sind, die M auf den Nd verteilen: 13-13-12-13.

FERSE

Mit der versetzt verstärkten Fersenwand in der Grundfarbe beginnen, dazu die M der 1. Nd re auf die 4. Nd stricken (insg. 26 M).

Die restlichen M bleiben ungestrickt. Die Arbeit wenden, die 1. M li abheben, ohne sie zu stricken, die übrigen M li stricken. Gleichzeitig 2 M abnehmen, damit die Ferse 24 M hat. Weiter verstärkt im Wabenmuster stricken.

1. R (Hin-R): Die Arbeit wenden, *1 M abheben, 1 M re*, *–* bis R-Ende wiederholen.

2. R (Rück-R): Die Arbeit wenden und 1 M li abheben, ohne sie zu stricken, die übrigen M li stricken.

3. R (Hin-R): Die Arbeit wenden und 1 M abheben, 1 M re, *1 M re, 1 M abheben*, *–* wiederholen, bis 2 M übrig sind, 2 M re.

4. R (Rück-R): Die Arbeit wenden und 1 M li abheben, ohne sie zu stricken, die übrigen M li stricken.

Diese 4 R wiederholen, bis für die Fersenwand 24 R gestrickt sind und zuletzt die 4. R gestrickt wurde. Die Käppchenabnahmen in der nächsten Hin-R beginnen und weiterhin verstärkt stricken, bis noch 9 M auf der Nd sind. 1 Übz stricken und die Arbeit wenden. Auf der anderen Nd sind 7 M. 1 M li abheben, ohne sie zu stricken, und verstärkt stricken, bis 9 M übrig sind. 2 M li zusstr und die Arbeit wenden. 1 M re abheben, ohne sie zu stricken, und verstärkt stricken, bis 8 M übrig sind. 1 Übz stricken und die Arbeit wenden. 1 M li abheben, ohne sie zu stricken, und verstärkt stricken, bis 8 M übrig sind. 2 M li zusstr und die Arbeit wenden.

So fortfahren, dabei werden die äußeren M in jeder R reduziert, die mittleren M bleiben gleich (8 M). Wenn die äußeren M aufgebraucht sind, die M der Fersenwand auf 2 Nd verteilen (4-4). 4 M der 4. Nd re stricken, sodass der Faden in der Fersenmitte zwischen der 1. und 4. Nd liegt.

FUSSTEIL

Aus dem Fersenrand mit der 1. Nd 14 M auffassen, mit der 4. Nd aus dem anderen Fersenrand ebenfalls 14 M auffassen. Die Arbeit hat jetzt 61 M. Mit dem Einstrickmuster laut Strickschrift B mit der 1. Rd beginnen. Die aus dem Fersenrand aufgefassten M re verschränkt stricken. Für die Zwickelabnahmen in den in der Strickschrift B angegebenen Rd (2, 4, 6, 8, 10 und 12) am Ende der 1. Nd 2 M re zusstr, am Anfang der 4. Nd 1 ssk oder Übz stricken. Die grau markierten Karos stellen keine Maschen dar. Nach den Zwickelabnahmen sind 49 M übrig: 12-13-12-12. Mit dem Einstrickmuster laut Strickschrift B fortfahren.

Wenn Rd 37 laut Strickschrift B gestrickt ist, noch die letzte Rd der Strickschrift stricken, dabei am Ende der 4. Nd 1 M abnehmen. Die M auf den Nd verteilen: 12-12-12-12. Eine breite Bandspitze in der Grundfarbe arbeiten. Die Abnahmen zunächst in jeder 2. Rd stricken. Wenn noch 8 M auf der Nd übrig sind (insg. 32 M), die Abnahmen in jeder Rd stricken.

1. und 3. Nd: re stricken, bis 3 M übrig sind; 2 M re zusstr, 1 M re.

2. und 4. Nd: 1 M re, 1 ssk, die restlichen M re stricken.

Wenn insg. noch 8 M übrig sind, den Faden abschneiden und durch die M ziehen. Die Fadenenden vernähen und die Socken leicht dämpfen.

STRICKSCHRIFT A

STRICKSCHRIFT B

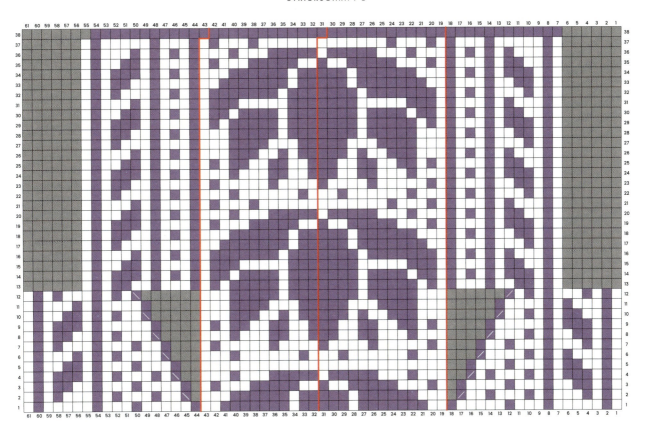

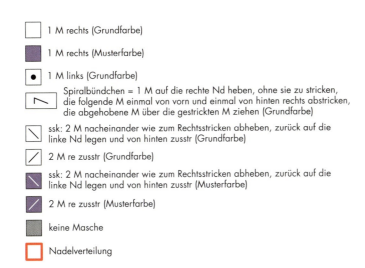

1 M rechts (Grundfarbe)

1 M rechts (Musterfarbe)

1 M links (Grundfarbe)

Spiralbündchen = 1 M auf die rechte Nd heben, ohne sie zu stricken, die folgende M einmal von vorn und einmal von hinten rechts abstricken, die abgehobene M über die gestrickten M ziehen (Grundfarbe)

ssk: 2 M nacheinander wie zum Rechtsstricken abheben, zurück auf die linke Nd legen und von hinten zusstr (Grundfarbe)

2 M re zusstr (Grundfarbe)

ssk: 2 M nacheinander wie zum Rechtsstricken abheben, zurück auf die linke Nd legen und von hinten zusstr (Musterfarbe)

2 M re zusstr (Musterfarbe)

keine Masche

Nadelverteilung

SARAH

Inspiriert wurden diese bezaubernden Socken von der Königin des Blumengartens – der wilden und verführerischen Pfingstrose »Sarah Bernhardt«. Der magische Tanz der Blütenblätter spiegelt sich rhythmisch im zart-rosafarbenen Lochmuster wieder.

Größe: 38/39
Garn: Nurja merino sock, Rosenquarz
Garnverbrauch: 75 g
Nadelspiel: 2,5 mm
Maschenprobe: 28 M und 36 Rd = 10 cm × 10 cm

BEVOR SIE BEGINNEN

In den Strickschriften ist jeweils die Nadelverteilung dargestellt. Diese variiert jedoch im Verlauf der Arbeit mit den Ab- und Zunahmen. Achten Sie auf die korrekte Nadelverteilung, bevor Sie mit der Ferse und den Spitzenabnahmen beginnen.

SCHAFT

63 M anschlagen und die M auf den Nd verteilen: 16-16-15-16. Zunächst 6 Rd des Bündchens wie folgt stricken:

1. Nd: 1 re, 2 li, 2 re, 2 li, 2 re, 2 li, 2 re, 2 li, 1 re.
2. und 3. Nd: Rd 1–6 laut Strickschrift A.
4. Nd: 1 re, 2 li, 2 re, 2 li, 2 re, 2 li, 2 re, 2 li, 1 re.

Die Arbeit hat jetzt 65 M (16-17-16-16). Anschließend mit der 1. und 4. Nd weiter im Bündchenmuster und mit der 2. und 3. Nd das Muster ab der 1. Rd laut Strickschrift B beginnen, die Rd 1–20 wiederholen.

Wenn für den Schaft 52 Rd einschließlich Bündchen gestrickt sind und zuletzt Rd 6 der Strickschrift B gestrickt wurde, noch eine Rd wie folgt arbeiten: Mit der 1. Nd im Bündchenmuster, mit der 2. und 3. Nd im Muster laut Strickschrift B (Rd 7) und mit der 4. Nd re stricken.

FERSE

Mit der verstärkten Fersenwand beginnen, dazu die M der 1. Nd re auf die 4. Nd stricken (insg. 32 M). Die restlichen M bleiben ungestrickt. Die Arbeit wenden, die 1. M li abheben, ohne sie zu stricken, die übrigen M li stricken.

Hin-R: Die Arbeit wenden, *1 M abheben, ohne sie zu stricken, 1 M re*, *–* die ganze R lang wiederholen.

Rück-R: Die Arbeit wenden, 1 M li abheben, ohne sie zu stricken, die übrigen M li stricken.

Diese zwei R wiederholen, bis für die Fersenwand 32 R gestrickt sind und zuletzt eine Rück-R gestrickt wurde. Die Käppchenabnahmen in der nächsten Hin-R beginnen und weiterhin verstärkt stricken, bis noch 11 M auf der Nd sind. 1 ssk oder Übz stricken und die Arbeit wenden. Auf der anderen Nd sind 9 M. 1 M li abheben, ohne sie zu stricken, li stricken, bis 11 M übrig sind. 2 M li zusstr und die Arbeit wenden. 1 M abheben, ohne sie zu stricken, und verstärkt stricken, bis noch 10 M auf der Nd sind. 1 ssk oder Übz stricken und die Arbeit wenden. 1 M li abheben, ohne sie zu stricken, li stricken, bis 10 M übrig sind. 2 M li zusstr und die Arbeit wenden. So fortfahren, dabei werden die äußeren M in jeder R reduziert, die mittleren M bleiben gleich (12 M). Wenn die äußeren M aufgebraucht sind, die M der Fersenwand auf 2 Nd verteilen (6-6). 6 M re stricken, sodass der Faden zwischen der 1. und 4. Nd liegt.

FUSSTEIL

Aus dem linken Fersenrand mit der freien Nd 18 M auffassen. Die 6 M der 1. Nd stricken, dann die 18 aufgefassten M re verschränkt stricken. Mit der 2. und 3. Nd das Muster laut Strickschrift B arbeiten, mit Rd 8 beginnen und Rd 1–20 wiederholen.

Aus dem rechten Fersenrand 18 M auffassen und re verschränkt stricken, dabei noch die 6 M der 4. Nd auf dieselbe Nd stricken. Die Arbeit hat jetzt 81 M.

Mit den Zwickelabnahmen beginnen: In jeder 2. Rd am Ende der 1. Nd 2 M re zusstr, am Anfang der 4. Nd 1 ssk oder Übz stricken. Mit der 2. und 3. Nd weiter im Muster stricken. Mit den Zwickelabnahmen fortfahren, bis 63 M (15-17-16-15) übrig sind. Mit der 1. und 4. Nd weiter re und mit der 2. und 3. Nd im Muster stricken. Wenn nach der Ferse alle 60 Rd und zuletzt Rd 7 der Strickschrift B gestrickt sind, mit den Spitzenabnahmen beginnen:

Mit der 1. und 4. Nd ein breite Bandspitze arbeiten. Die Abnahmen zunächst in jeder 2. Rd stricken, bis noch 10 M pro Nd übrig sind. Danach die Abnahmen in jeder Rd stricken.

1. Nd: re stricken, bis noch 3 M übrig sind; 2 M re zusstr, 1 M re.
4. Nd: 1 M re, 1 ssk, die restlichen M re stricken.
2. und 3. Nd: Die Spitzenabnahmen laut Strickschrift C stricken (Rd 1–17).

Wenn insg. noch 11 M übrig sind (2-4-3-2), den Faden abschneiden und durch die M ziehen. Die Fadenenden vernähen und die Socken leicht dämpfen.

STRICKSCHRIFT A

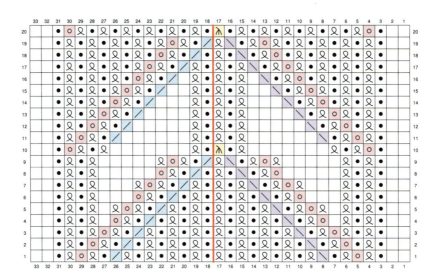

STRICKSCHRIFT B

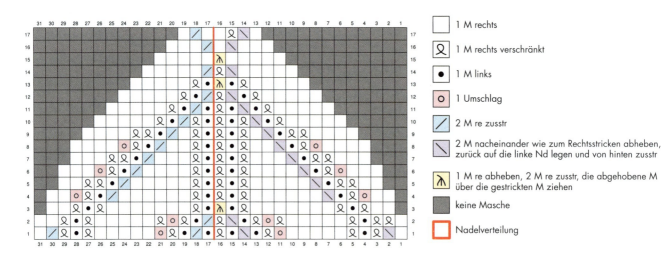

STRICKSCHRIFT C

	1 M rechts
Q	1 M rechts verschränkt
•	1 M links
O	1 Umschlag
/	2 M re zusstr
\	2 M nacheinander wie zum Rechtsstricken abheben, zurück auf die linke Nd legen und von hinten zusstr
λ	1 M re abheben, 2 M re zusstr, die abgehobene M über die gestrickten M ziehen
▓	keine Masche
▯	Nadelverteilung

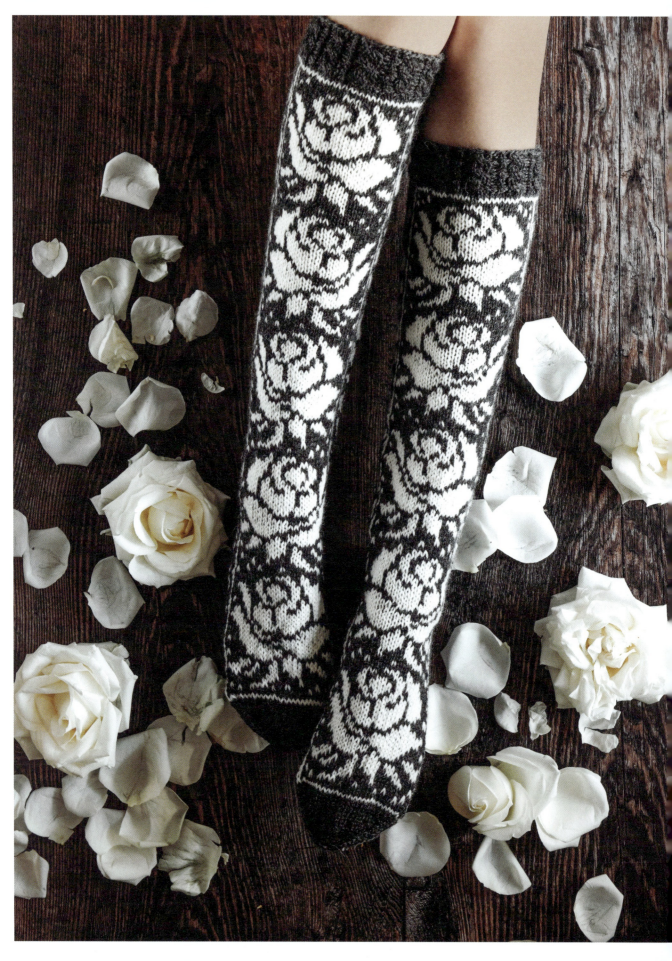

BIBERNELLROSEN

*Ein betörender Duft lockt Sie zu den schönsten aller
Sommerblüher. Das in diese entzückenden Socken gearbeitete
klassische Rosenmuster passt zu vielen verschiedenen
Farbkombinationen.*

Größe: 39
Wadenumfang: 35–39 cm
Garn und Garnverbrauch: Grundfarbe Gjestal Maija,
110 g Dunkelgrau (Fb 227),
Musterfarbe 65 g Natur (Fb 200)
Nadelspiel: 3,0 mm, Hilfsnadel
Maschenprobe: 24 M und 32 Rd = 10 cm x 10 cm

BEVOR SIE BEGINNEN

Die Strickschrift wird von unten nach oben und von rechts
nach links gelesen. Für das Bündchen können Sie eine halbe Nummer
kleinere Nadeln verwenden, damit es fester wird.
Wenn die Socken für breitere Waden passen sollen, können Sie
für das Einstrickmuster ein Nadelspiel 3,5 mm nehmen. So passt der
Schaft für Waden mit einem Umfang von über 40 cm.

SCHAFT

77 M anschlagen und die M auf den Nd verteilen: 20-17-21-19. Für das Bündchen 12 Rd laut Strickschrift A stricken.

Anschließend das Einstrickmuster laut Strickschrift ab der 13. Rd beginnen und die M auf den Nd verteilen: 20-19-19-19. Den Schaft laut der Strickschrift arbeiten, dabei in den unten genannten Rd im Anfangsbereich der 1. Nd und im Endbereich der 4. Nd an geeigneter Stelle abnehmen.

Abnahmerunden: 40, 55, 71, 83, 90, 95, 99 und 105. Die Arbeit hat nach den Abnahmen 61 M.

Achtung! In der 70. Rd die M neu verteilen: 21-16-15-21. Wenn alle 111 Rd für den Schaft gestrickt sind, die M auf den Nd verteilen: 15-16-15-15.

FERSE

Mit der verstärkten Fersenwand in der Grundfarbe beginnen, dazu die M der 1. Nd re auf die 4. Nd stricken (insg. 30 M). Die restlichen M bleiben ungestrickt. Die Arbeit wenden, die 1. M li abheben, ohne sie zu stricken, die übrigen M li stricken.

Hin-R: Die Arbeit wenden, *1 M abheben, ohne sie zu stricken, 1 M re*, *–* bis R-Ende wiederholen.

Rück-R: Die Arbeit wenden und 1 M li abheben, ohne sie zu stricken, die übrigen M li stricken.

Diese zwei R wiederholen, bis für die Fersenwand 30 R gestrickt sind und zuletzt eine Rück-R gestrickt wurde.

Die Käppchenabnahmen in der nächsten Hin-R beginnen und weiterhin verstärkt stricken, bis noch 11 M auf der Nd sind. 1 Übz stricken und die Arbeit wenden. Auf der anderen Nd sind 9 M. 1 M li abheben, ohne sie zu stricken, li stricken, bis 11 M übrig sind. 2 M li zusstr und die Arbeit wenden. 1 M re abheben, ohne sie zu stricken, und verstärkt stricken, bis 10 M übrig sind. 1 Übz stricken und die Arbeit wenden. 1 M li abheben, ohne sie zu stricken, li stricken, bis 10 M übrig sind. 2 M li zusstr und die Arbeit wenden. So fortfahren, dabei werden die äußeren M in jeder R reduziert, die mittleren M bleiben gleich (10 M). Wenn die äußeren M aufgebraucht sind, die M der Fersenwand auf 2 Nd verteilen (5-5). 5 M re stricken, sodass der Faden zwischen der 1. und 4. Nd liegt.

FUSSTEIL

Aus dem Fersenrand mit der 1. Nd 17 M auffassen, mit der 4. Nd aus dem anderen Fersenrand ebenfalls 17 M auffassen. Die Arbeit hat jetzt 75 M. Mit dem Einstrickmuster laut Strickschrift B mit der 1. Rd beginnen.

Die aus dem Fersenrand aufgefassten M re verschränkt stricken. Für die Zwickelabnahmen in den in der Strickschrift B angegebenen Rd (2, 4, 6, 8, 10, 12, 14 und 16) am Ende der 1. Nd 2 M re zusstr, am Anfang der 4. Nd 1 ssk oder Übz stricken. Die hellgrau markierten Karos stellen keine Maschen dar. Nach den Zwickelabnahmen sind 59 M übrig (14-16-15-14). Das Einstrickmuster weiter laut Strickschrift stricken. In der 40. Rd am Ende der 1. Nd 1 M abnehmen und die M auf den Nd verteilen: 14-15-15-14.

Wenn alle 41 Rd laut Strickschrift B gestrickt wurden, eine breite Bandspitze in der Grundfarbe arbeiten. Die Abnahmen zunächst in jeder 2. Rd stricken, bis insg. 38 M übrig sind (9-10-10-9). Danach in jeder Rd abnehmen.

1. und 3. Nd: re stricken, bis noch 3 M übrig sind; 2 M re zusstr, 1 M re.

2. und 4. Nd: 1 M re, 1 ssk, die restlichen M re stricken.

Wenn noch 10 M übrig sind (2-3-3-2), den Faden abschneiden und durch die restlichen M ziehen. Die Fadenenden vernähen und die Socken leicht dämpfen.

STRICKSCHRIFT A

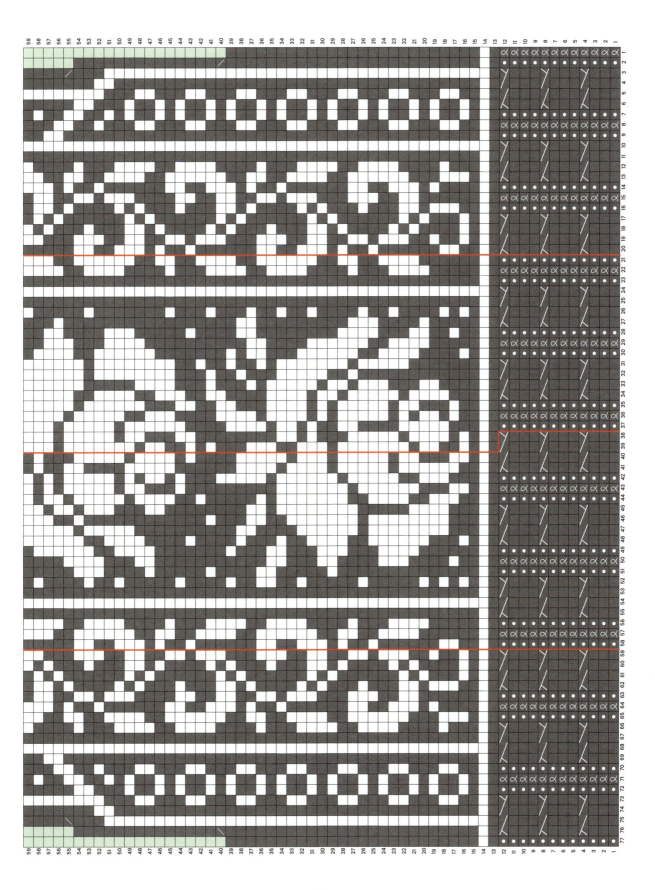

STRICKSCHRIFT B

- ■ 1 M rechts (Grundfarbe)
- □ 1 M rechts (Musterfarbe)
- 1 M rechts verschränkt (Grundfarbe)
- 1 M links (Grundfarbe)
- ssk: 2 M nacheinander wie zum Rechtsstricken abheben, zurück auf die linke Nd legen und von hinten zusstr (Grundfarbe)
- 2 M re zusstr (Grundfarbe)
- 2 M auf eine Hilfsnadel vor die Arbeit legen, 2 M re, die 2 M der Hilfsnadel re
- keine Masche
- Nadelverteilung

KRÄUTERGARTEN

*Basilikum, Salbei, Rosmarin, Petersilie – der Kräutergarten,
an den uns diese Socken mit originellem Loch- und Fersenmuster
erinnern, verzaubert die Sinne mit Frische und
neuem Geschmack.*

Größe: 37/39
Garn: Novita Nalle, Farn (Fb 347)
Garnverbrauch: 80/85 g
Nadelspiel: 3,0 mm
Maschenprobe: 23 M und 29 Rd = 10 cm × 10 cm

BEVOR SIE BEGINNEN

Die Nadelverteilung ändert sich im Laufe der Arbeit,
da die Ab- und Zunahmen zum Teil zwischen den Nadeln liegen.
Achten Sie darauf, dass die Gesamtzahl der Maschen stimmt
und die Nadelverteilung korrekt ist, bevor Sie mit der Ferse beginnen.
Beide Größen werden zu Beginn nach derselben Anleitung gestrickt,
danach sind die Abweichungen für Größe 39 blau markiert.

SCHAFT

57 M anschlagen und auf den Nd verteilen: 14-14-14-15. Den Schaft laut Strickschrift A stricken (Rd 1–55).

FERSE

Mit der umgekehrt verstärkten Fersenwand im Wabenmuster beginnen, dazu die M der 1. Nd re auf die 4. Nd stricken (insg. 29 M).

Die restlichen M bleiben ungestrickt. Die Arbeit wenden, die 1. M li abheben, ohne sie zu stricken, die übrigen M li stricken. Gleichzeitig 1 M abnehmen, damit die Ferse 28 M hat. Weiterhin verstärkt stricken:

1. R (Hin-R): Die Arbeit wenden, 1 M abheben, ohne sie zu stricken, 1 M re, *1 M li abheben mit dem Faden vor der Arbeit, ohne sie zu stricken, 1 M re*, *–* bis R-Ende wiederholen.

2. R (Rück-R): Die Arbeit wenden und 1 M li abheben, ohne sie zu stricken, die übrigen M li stricken.

3. R (Hin-R): Die Arbeit wenden, 1 M abheben, 1 M re, *1 M re, 1 M li abheben, ohne sie zu stricken, mit dem Faden vor der Arbeit*, *–* wiederholen, bis 2 M übrig sind, 2 M re.

4. R (Rück-R): Die Arbeit wenden und 1 M li abheben, ohne sie zu stricken, die übrigen M li stricken.

Diese 4 R wiederholen, bis für die verstärkte Fersenwand 26/28 R gestrickt sind und zuletzt eine Rück-R gestrickt wurde.

Die Käppchenabnahmen in der nächsten Hin-R beginnen und weiterhin verstärkt stricken, bis noch 9 M auf der Nd sind. 1 ssk oder Übz stricken und die Arbeit wenden. Auf der anderen Nd sind 7 M. 1 M li abheben, ohne sie zu stricken, li stricken, bis 9 M übrig sind. 2 M li zusstr und die Arbeit wenden. 1 M abheben, ohne sie zu stricken, und verstärkt stricken, bis noch 8 M auf der Nd sind. 1 ssk oder Übz stricken und die Arbeit wenden. 1 M li abheben, ohne sie zu stricken, li stricken, bis 8 M übrig sind. 2 M li zusstr und die Arbeit wenden.

So fortfahren, dabei werden die äußeren M in jeder R reduziert, die mittleren M bleiben gleich (12 M). Wenn die äußeren M aufgebraucht sind, die M der Fersenwand auf 2 Nd verteilen (6-6). 6 M re stricken, sodass der Faden zwischen der 1. und 4. Nd liegt.

FUSSTEIL

Aus dem linken Fersenrand mit der freien Nd 15/16 M auffassen. 6 M der 1. Nd stricken, dann die 15/16 aufgefassten M re verschränkt stricken. Mit der 2. und 3. Nd re stricken. Aus dem rechten Fersenrand 15/16 M auffassen und re verschränkt stricken, auf dieselbe Nd noch die 6 M der 4. Nd stricken. Die Arbeit hat jetzt 70/72 M.

Mit den Zwickelabnahmen beginnen: In jeder 2. Rd am Ende der 1. Nd 2 M re zusstr, am Anfang der 4. Nd 1 ssk oder Übz stricken. Mit allen Nd weiter re stricken. Mit den Zwickelabnahmen fortfahren, bis noch 52 M (12-14-14-12)/56 M (14-14-14-14) übrig sind. Weiter re stricken. Bei Größe 37 die M neu verteilen: 13-13-13-13. Wenn nach der Ferse 44/48 Rd gestrickt wurden, eine breite Bandspitze arbeiten. Die Abnahmen zunächst in jeder 2. Rd stricken. Wenn noch 9 M auf jeder Nd übrig sind (insg. 36 M), die Abnahmen in jeder Rd stricken.

1. und 3. Nd: re stricken, bis noch 3 M übrig sind; 2 M re zusstr, 1 M re.

2. und 4. Nd: 1 M re, 1 ssk, die restlichen M re stricken.

Wenn noch 8 M übrig sind, den Faden abschneiden und durch die M ziehen. Die Fadenenden vernähen und die Socken leicht dämpfen.

STRICKSCHRIFT A

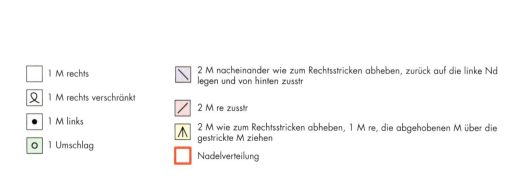

PARADIESINSEL

Lassen Sie sich in ferne Gärten auf paradiesische Inseln entführen, wo exotische Blumen neben prächtig schimmernden Papageien blühen.

Größe: 39
Garn und Garnverbrauch: Grundfarbe Drops Fabel,
100 g Natur (Fb 100),
Musterfarbe Viking Nordlys, 60 g (Fb 938)
Nadelspiel: 2,5 mm
Maschenprobe: 31 M und 33 Rd = 10 cm × 10 cm

BEVOR SIE BEGINNEN

Die Strickschrift wird von unten nach oben und von rechts nach links gelesen. Die rechte und die linke Socke werden gegengleich gearbeitet: die rechte Socke laut Strickschrift A1 und B1, die linke Socke laut Strickschrift A2 und B2. Falls Sie fest stricken, können Sie für das Einstrickmuster ein Nadelspiel 3,0 mm nehmen oder die Socken mit einem 6-fädigen Garn stricken.

SCHAFT

88 M in der Grundfarbe anschlagen und die M auf den Nd verteilen: 20-24-24-20. Für das Bündchen die ersten 13 Rd laut Strickschrift A1/A2 stricken.

Nach dem Bündchen das Einstrickmuster laut der Strickschrift ab der 14. Rd beginnen, 1 M am Ende der 4. Nd zunehmen und die M auf den Nd verteilen: 22-23-22-22. Den Schaft laut der Strickschrift arbeiten, dabei in den unten genannten Rd im Anfangsbereich der 1. Nd und im Endbereich der 4. Nd an geeigneter Stelle abnehmen.

Achtung! In der 70. Rd die M neu verteilen: 25-17-16-25.

Abnahmerunden: 50, 60, 67, 73, 80, 86, 90, 94, 98, 102 und 106. Die Arbeit hat nach den Abnahmen 67 M.

Wenn alle 126 Rd für den Schaft gestrickt sind, die M auf den Nd verteilen: 17-17-16-17.

FERSE

Mit der verstärkten Fersenwand in der Grundfarbe beginnen, dazu die M der 1. Nd auf die 4. Nd stricken (insg. 34 M). Die restlichen M bleiben ungestrickt. Die Arbeit wenden, die 1. M li abheben, ohne sie zu stricken, die übrigen M li stricken. Gleichzeitig 2 M abnehmen, damit die Ferse 32 M hat.

Hin-R: Die Arbeit wenden, *1 M abheben, 1 M re*, *–* bis R-Ende wiederholen.

Rück-R: Die Arbeit wenden und 1 M li abheben, ohne sie zu stricken, die übrigen M li stricken.

Diese zwei R wiederholen, bis für die Fersenwand 32 R gestrickt sind und zuletzt die 2. R gestrickt wurde. Die Käppchenabnahmen in der nächsten Hin-R beginnen und weiterhin verstärkt stricken, bis noch 11 M auf der Nd sind. 1 ssk oder Übz stricken und die Arbeit wenden. Auf der anderen Nd sind 9 M.

1 M li abheben, ohne sie zu stricken, li stricken, bis 11 M übrig sind. 2 M li zusstr und die Arbeit wenden. 1 M abheben, ohne sie zu stricken, und verstärkt stricken, bis noch 10 M auf der Nd sind. 1 ssk oder Übz stricken und die Arbeit wenden. 1 M li abheben, ohne sie zu stricken, li stricken, bis 10 M übrig sind. 2 M li zusstr und die Arbeit wenden.

So fortfahren, dabei werden die äußeren M in jeder R reduziert, die mittleren M bleiben gleich (12 M). Wenn die äußeren M aufgebraucht sind, die M der Fersenwand auf 2 Nd verteilen (6-6). 6 M re stricken, sodass der Faden zwischen der 1. und 4. Nd liegt.

FUSSTEIL

Aus dem Fersenrand mit der 1. Nd 18 M auffassen, mit der 4. Nd aus dem anderen Fersenrand ebenfalls 18 M auffassen. Die Arbeit hat jetzt 81 M. Mit dem Einstrickmuster laut Strickschrift B1/B2 mit der 1. Rd beginnen. Die aus dem Fersenrand aufgefassten M re verschränkt stricken. Für die Zwickelabnahmen in den in der Strickschrift B1/B2 angegebenen Rd (2, 4, 6, 8, 10, 12, 14 und 16) am Ende der 1. Nd 2 M re zusstr und am Anfang der 4. Nd 1 ssk oder Übz stricken. Die grau markierten Karos stellen keine Maschen dar. Nach den Zwickelabnahmen sind 65 M übrig (16-17-16-16).

Mit dem Einstrickmuster laut Strickschrift fortfahren (46 Rd). In der letzten Rd am Ende der 4. Nd 1 M abnehmen und die M auf den Nd verteilen: 16-16-16-16. Die restliche Socke in der Grundfarbe stricken und eine breite Bandspitze arbeiten. Die Abnahmen zunächst in jeder 2. Rd stricken. Wenn 11 M auf jeder Nd übrig sind, in jeder Rd abnehmen.

1. und 3. Nd: re stricken, bis noch 3 M übrig sind; 2 M re zusstr, 1 M re.

2. und 4. Nd: 1 M re, 1 ssk, die restlichen M re stricken.

Wenn insg. noch 8 M übrig sind, den Faden abschneiden und durch die M ziehen. Die Fadenenden vernähen und die Socken leicht dämpfen.

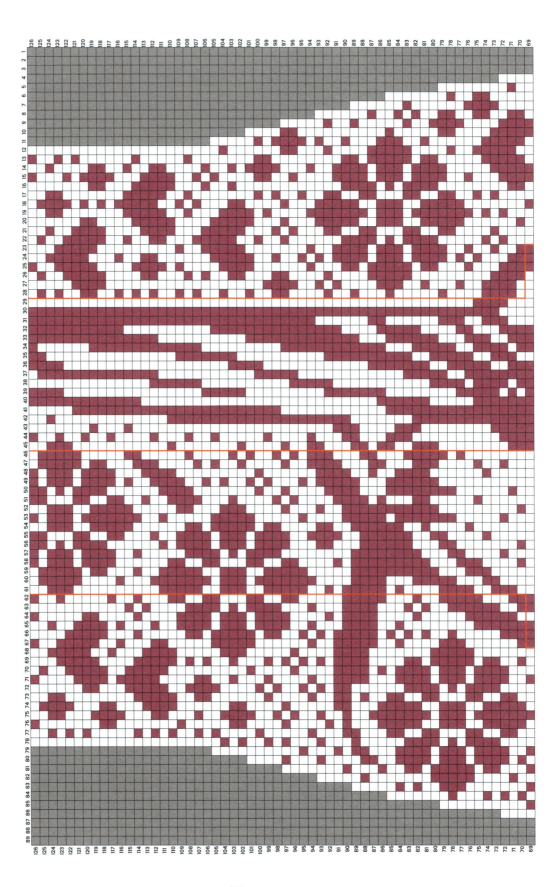

STRICKSCHRIFT A1, RECHTE SOCKE

STRICKSCHRIFT A2, LINKE SOCKE

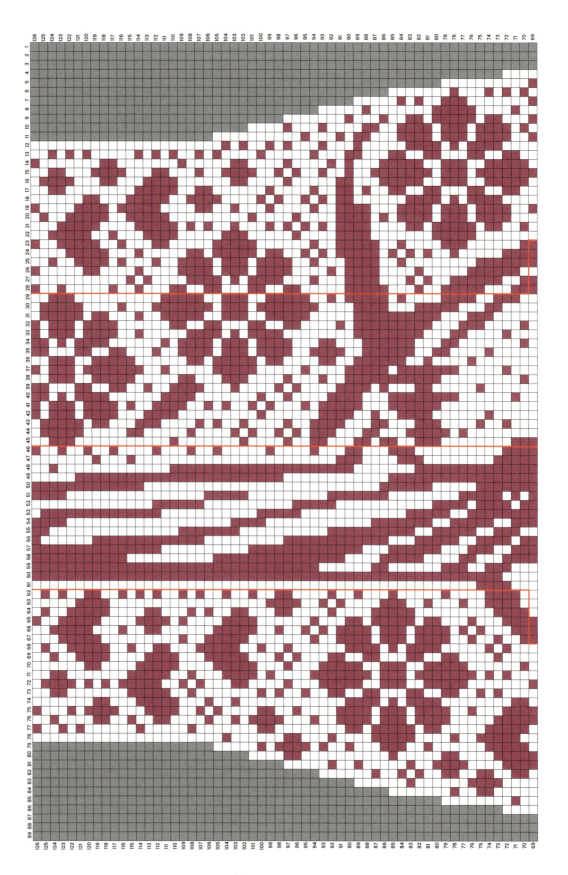

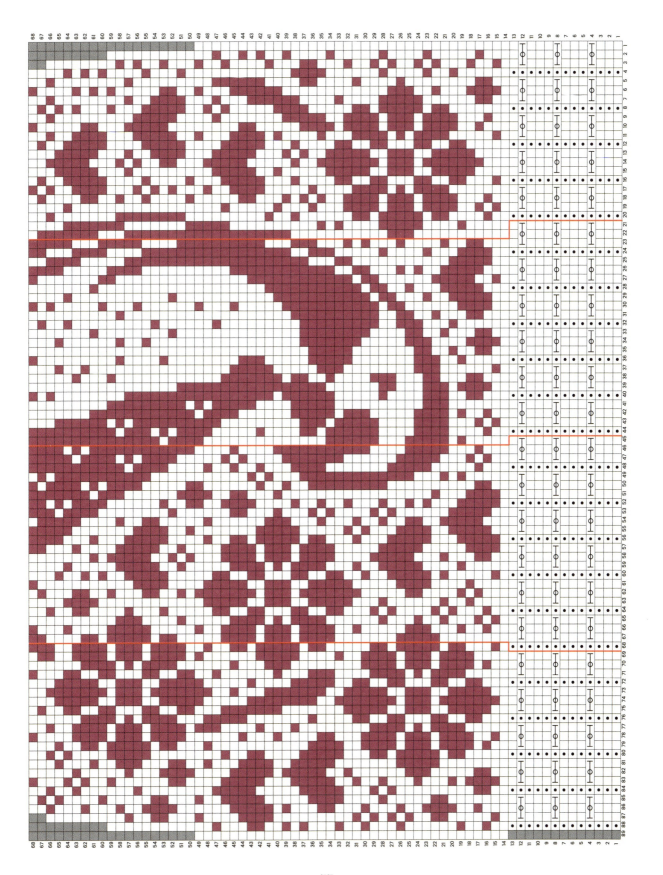

STRICKSCHRIFT B1, RECHTE SOCKE

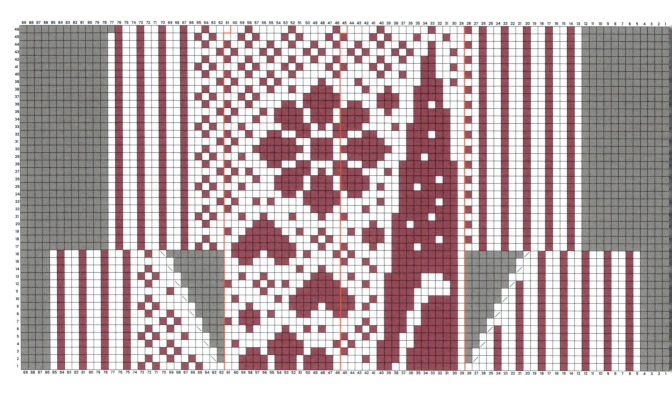

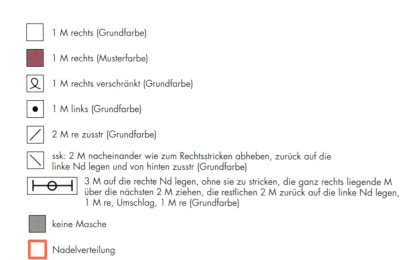

1 M rechts (Grundfarbe)

1 M rechts (Musterfarbe)

1 M rechts verschränkt (Grundfarbe)

1 M links (Grundfarbe)

2 M re zusstr (Grundfarbe)

ssk: 2 M nacheinander wie zum Rechtsstricken abheben, zurück auf die linke Nd legen und von hinten zusstr (Grundfarbe)

3 M auf die rechte Nd legen, ohne sie zu stricken, die ganz rechts liegende M über die nächsten 2 M ziehen, die restlichen 2 M zurück auf die linke Nd legen, 1 M re, Umschlag, 1 M re (Grundfarbe)

keine Masche

Nadelverteilung

STRICKSCHRIFT B2, LINKE SOCKE

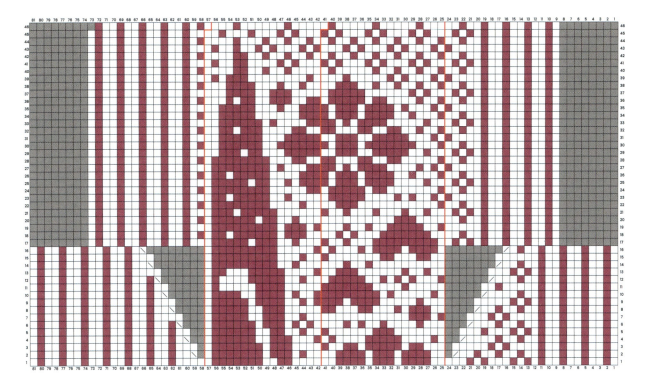

GÄNSEBLÜMCHEN

*Zauberhafte Blumenwiesen, der Tanz der Schmetterlinge,
betörende Düfte und Schönheit, soweit das Auge reicht.
Das Geheimnis dieser kornblumenblauen Socken sind die hinten
gestrickten und bis zur Ferse verlaufenden Zöpfe.*

Größe: 38–39

Garn: Novita 7 Brothers, Lobelie (Fb 136)

Garnverbrauch: 120 g

Nadelspiel: 3,5 mm, Hilfsnadel

Maschenprobe: 20 M und 26 Rd = 10 cm × 10 cm

BEVOR SIE BEGINNEN

In der Strickschrift für den Schaft bilden Nd 1 und 2
den hinteren Sockenteil und Nd 3 und 4 den vorderen Sockenteil.
Nach der Ferse ändert sich die Nadelverteilung, sodass
die Fußsohle mit Nd 1 und 4 und der vordere Sockenteil mit
Nd 2 und 3 gestrickt wird.

SCHAFT

48 M anschlagen und die M auf den Nd verteilen: 12-12-12-12. Alle 45 Rd laut Strickschrift A stricken.

FERSE

Die Ferse wird mit der 1. und 2. Nadel gestrickt. R 1–20 laut Strickschrift B stricken. Immer zu Beginn der R in der Hin-R 1 M re abheben, ohne sie zu stricken, und in der Rück-R 1 M li abheben, ohne sie zu stricken.

Mit den Käppchenabnahmen beginnen und bis zum Fersenende glatt re stricken. Die Hin-R arbeiten, bis 9 M auf der Nd verbleiben.

1 ssk oder Übz stricken und die Arbeit wenden. Auf der anderen Nd sind 7 M. 1 M li abheben, ohne sie zu stricken, li stricken bis 9 M übrig sind. 2 M li zusstr und die Arbeit wenden. 1 M re abheben, ohne sie zu stricken, re stricken, bis 8 M übrig sind. 1 ssk oder Übz stricken und die Arbeit wenden. 1 M li abheben, ohne sie zu stricken, li stricken, bis 8 M übrig sind. 2 M li zusstr und die Arbeit wenden. So fortfahren, dabei werden die äußeren M in jeder R reduziert, die mittleren M bleiben gleich (8 M). Wenn die äußeren M aufgebraucht sind, die M der Fersenwand auf 2 Nd verteilen (4-4). 4 M re stricken, sodass der Faden zwischen der 1. und 4. Nd liegt.

FUSSTEIL

Aus dem linken Fersenrand mit der freien Nd 12 M auffassen. Die 4 M der 1. Nd stricken, dann die 12 aufgefassten M re verschränkt stricken. Mit der 2. und 3. Nd das Muster laut Strickschrift C stricken, mit Rd 1 beginnen. Aus dem rechten Fersenrand 12 M auffassen und re verschränkt stricken, auf dieselbe Nd noch die 4 M der 4. Nd stricken. Die Arbeit hat jetzt 56 M.

Mit den Zwickelabnahmen beginnen: In jeder 2. Rd am Ende der 1. Nd 2 M re zusstr, am Anfang der 4. Nd 1 ssk oder Übz stricken. Die Abnahmen in jeder 3. Rd stricken. Mit der 2. und 3. Nd weiter das Muster laut Strickschrift C arbeiten. Mit den Zwickelabnahmen fortfahren, bis 48 M (12-12-12-12) übrig sind. Mit der 1. und 4. Nd weiterhin re, mit der 2. und 3. Nd im Muster stricken. Wenn alle 44 Rd laut Strickschrift C gestrickt sind, mit den Spitzenabnahmen beginnen.

Mit der 1. und 4. Nd ein breite Bandspitze arbeiten. Die Abnahmen in jeder 2. Rd stricken, bis 8 M pro Nd übrig sind. Danach die Abnahmen in jeder Rd stricken.

1. Nd: re stricken, bis noch 3 M übrig sind; 2 M re zusstr, 1 M re.

4. Nd: 1 M re, 1 ssk, die restlichen M re stricken.

2. und 3. Nd: Die Spitzenabnahmen laut Strickschrift D (Rd 1–13) stricken.

Wenn insg. noch 8 M übrig sind, den Faden abschneiden und durch die M ziehen. Die Fadenenden vernähen und die Socken leicht dämpfen.

STRICKSCHRIFT A

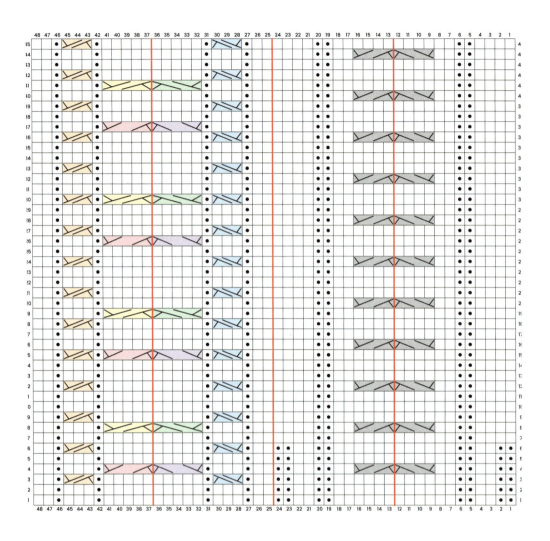

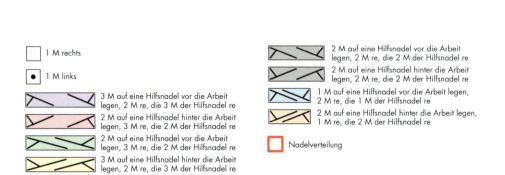

STRICKSCHRIFT B

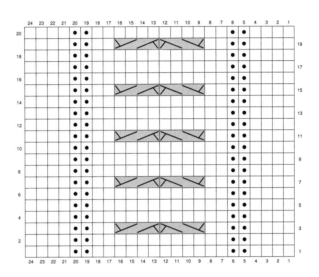

☐ 1 M in der Hin-R rechts, in der Rück-R links

● 1 M in der Hin-R links, in der Rück-R rechts

2 M auf eine Hilfsnadel vor die Arbeit legen,
2 M re, die 2 M der Hilfsnadel re

2 M auf eine Hilfsnadel hinter die Arbeit legen,
2 M re, die 2 M der Hilfsnadel re

STRICKSCHRIFT C

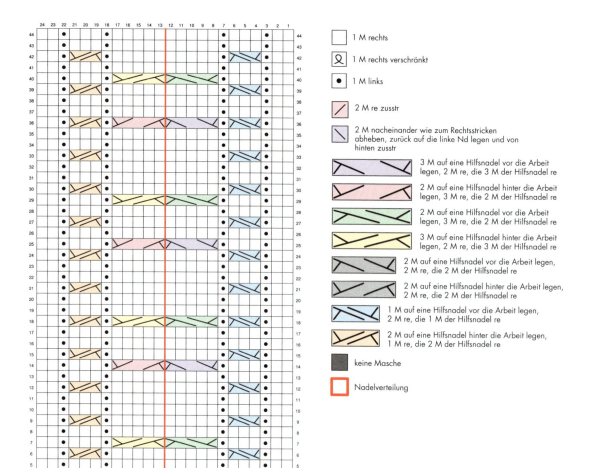

STRICKSCHRIFT D

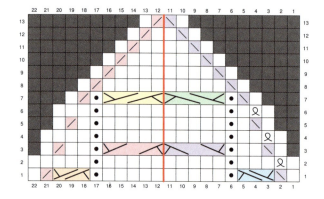

ALTE GERANIE

Thema dieser Socken ist die immerzu starke und kraftvolle Geranie – meine ewige Favoritin. Das einfach und schnell zu arbeitende Einstrickmuster verläuft nur entlang des Schafts.

Größe: 38/39
Garn und Garnverbrauch: Grundfarbe Gjestal Maija,
90 g Meliertes Beige (Fb 280),
Musterfarben 20 g Waldgrün (Fb 212) und 20 g Fuchsia (Fb 248)
Nadelspiel: 3,0 mm
Maschenprobe: 24 M und 32 Rd = 10 cm × 10 cm

BEVOR SIE BEGINNEN

Die Strickschrift wird von unten nach oben und von rechts nach links gelesen. Bündchen, Ferse und Fußteil werden in der Grundfarbe gestrickt.

SCHAFT

60 M in der Grundfarbe anschlagen und die M auf den Nd verteilen: 16-15-14-15. Das Bündchenmuster laut Strickschrift A, Rd 1–9 stricken. Die 10. Rd re stricken und gleichzeitig 1 M auf der 4. Nd zunehmen (Nadelverteilung: 16-15-14-16). Das Einstrickmuster laut Strickschrift A ab der 11. Rd beginnen und den Schaft nach der Strickschrift arbeiten.

FERSE

Wenn alle 51 Rd des Schafts gestrickt sind, mit der umgekehrt verstärkten Fersenwand in der Grundfarbe beginnen, dazu die M der 1. Nd re auf die 4. Nd stricken (insg. 32 M). Die restlichen M bleiben ungestrickt. Die Arbeit wenden und 1 M li abheben, ohne sie zu stricken, die übrigen M li stricken. Gleichzeitig 4 M abnehmen, damit die Ferse 28 M hat.

Hin-R: Die Arbeit wenden, 1 M abheben, ohne sie zu stricken, 1 M re, *1 M li abheben mit dem Faden vor der Arbeit, ohne sie zu stricken, 1 M re*, *–* bis R-Ende wiederholen.

Rück-R: Die Arbeit wenden und 1 M li abheben, ohne sie zu stricken, die übrigen M li stricken.

Wenn für die Fersenwand 28 R gestrickt sind und zuletzt eine Rück-R gestrickt wurde, mit den Käppchenabnahmen beginnen. In der nächsten Hin-R verstärkt stricken, bis noch 9 M auf der Nd sind. 1 Übz stricken und die Arbeit wenden. Auf der anderen Nd sind 7 M.

1 M li abheben, ohne sie zu stricken, li stricken, bis 9 M übrig sind. 2 M li zusstr und die Arbeit wenden. 1 M abheben, ohne sie zu stricken, und verstärkt stricken, bis 8 M übrig sind. 1 Übz stricken und die Arbeit wenden.

1 M li abheben, ohne sie zu stricken, li stricken, bis 8 M übrig sind. 2 M li zusstr und die Arbeit wenden. So fortfahren, dabei werden die äußeren M in jeder R reduziert, die mittleren M bleiben gleich (12 M). Wenn die äußeren M aufgebraucht sind, die M der Fersenwand auf 2 Nd verteilen (6-6). 6 M re stricken, sodass der Faden zwischen der 1. und 4. Nd liegt.

FUSSTEIL

Aus dem Fersenrand mit der 1. Nd 16 M auffassen und mit der 4. Nd aus dem anderen Fersenrand ebenfalls 16 M auffassen. Die Arbeit hat jetzt 73 M. Mit der 1. und 4. Nd weiterhin re in der Grundfarbe und die aus dem Fersenrand aufgefassten M re verschränkt stricken. Auch mit der 2. und 3. Nd re stricken. Die Zwickelabnahmen in jeder 2. Rd stricken, dazu am Ende der 1. Nd 2 M re zusstr, am Anfang der 4. Nd 1 ssk oder Übz stricken. Wenn noch 55 M (13-15-14-13) übrig sind, die Zwickelabnahmen beenden und weiterhin re stricken. Wenn nach der Ferse 48 Rd gestrickt sind, die M auf den Nd verteilen (14-14-13-14) und eine breite Bandspitze beginnen. Die Abnahmen zunächst in jeder 2. Rd stricken. Wenn 31 M übrig sind (8-8-7-8), in jeder Rd abnehmen.

1. und 3. Nd: re stricken, bis noch 3 M übrig sind; 2 M re zusstr, 1 M re.

2. und 4. Nd: 1 M re, 1 ssk, die restlichen M re stricken.

In der letzten Rd auf der 3. Nd nicht abnehmen. Wenn insg. noch 8 M übrig sind, den Faden abschneiden und durch die M ziehen. Die Fadenenden vernähen und die Socken leicht dämpfen.

STRICKSCHRIFT A

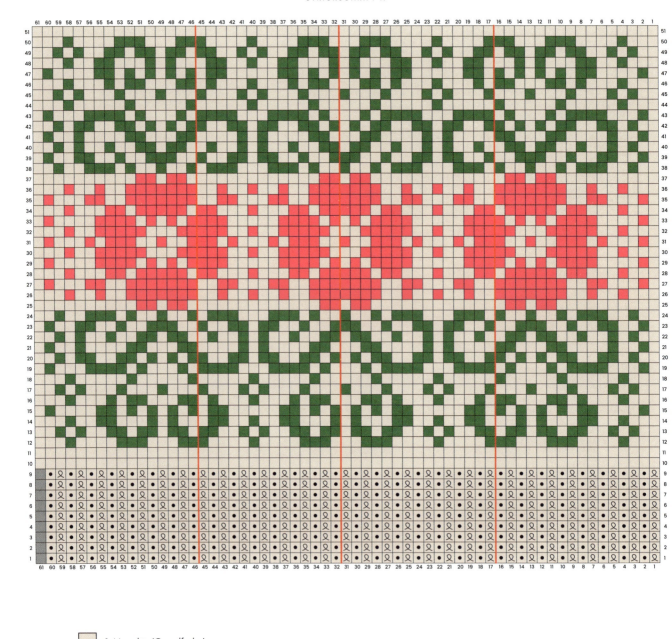

1 M rechts (Grundfarbe)

1 M rechts (Waldgrün)

1 M rechts (Fuchsia)

1 M rechts verschränkt (Grundfarbe)

1 M links (Grundfarbe)

keine Masche

Nadelverteilung

IRRGARTEN

*Begeben Sie sich mit in den Irrgarten. Sie erwartet ein
Abenteuer im saftigen Grün, wo Sie sich im Schutz der Zweige
zurückziehen können. Die Socken mit kurzem Schaft können
in drei verschiedenen Größen gestrickt werden.*

Größe: 37/39/41
Garn: Sulo Wool Mersukka, Moosgrün
Garnverbrauch: 55/60/65 g
Nadelspiel: 3,0 mm, Hilfsnadel
Maschenprobe: 26 M und 31 Rd = 10 cm × 10 cm

BEVOR SIE BEGINNEN

Die Anleitung ist für drei verschiedene Größen ausgelegt.
Die Angaben für die einzelnen Größen sind durch
»/« getrennt, ist nur 1 Angabe gemacht gilt diese für
alle Größen. Die Zahlen für die mittlere Größe sind zur
besseren Erkennbarkeit in Blau.

SCHAFT *(Größe 37)*

60 M anschlagen und auf den Nd verteilen: 13-16-16-15. Zunächst 12 Rd im Bündchenmuster wie folgt stricken:
  1. Nd: 2 re, 2 li, 2 re, 2 li, 2 re, 2 li, 1 re.
  2. Nd: 1 re, 2 li, 2 re, 2 li, 2 re, 2 li, 1 re.
  3. Nd: 1 re, 2 li, 2 re, 2 li, 2 re, 2 li, 1 re.
  4. Nd: 1 re, 2 li, 2 re, 2 li, 2 re, 2 li.
  Noch eine Rd wie folgt: Mit der 1., 2. und 3. Nd im Bündchenmuster, die M der 4. Nd re stricken.

SCHAFT *(Größe 39)*

62 M anschlagen und auf den Nd verteilen: 15-16-16-15. Zunächst 12 Rd im Bündchenmuster wie folgt stricken:
  1. Nd: 1 re, 2 li, 2 re, 2 li, 2 re, 2 li, 2 re, 2 li.
  2. Nd: 1 re, 2 li, 2 re, 2 li, 2 re, 2 li, 2 li, 1 re.
  3. Nd: 1 re, 2 li, 2 re, 2 li, 2 re, 2 li, 2 li, 1 re.
  4. Nd: 2 li, 2 re, 2 li, 2 re, 2 li, 2 re, 2 li, 1 re.
  Noch eine Rd wie folgt: Mit der 1., 2. und 3. Nd im Bündchenmuster, die M der 4. Nd re stricken.

SCHAFT *(Größe 41)*

64 M anschlagen und auf den Nd verteilen: 17-16-16-15. Zunächst 12 Rd im Bündchenmuster wie folgt stricken:
  1. Nd: 2 re, 2 li, 2 re, 2 li, 2 re, 2 li, 2 re, 2 li, 1 re.
  2. Nd: 1 re, 2 li, 2 re, 2 li, 2 re, 2 li, 2 re, 2 li, 1 re.
  3. Nd: 1 re, 2 li, 2 re, 2 li, 2 re, 2 li, 2 re, 2 li, 1 re.
  4. Nd: 1 re, 2 li, 2 re, 2 li, 2 re, 2 li, 2 re, 2 li.
  Noch eine Rd wie folgt: Mit der 1., 2. und 3. Nd im Bündchenmuster, die M der 4. Nd re stricken.

FERSE *(alle Größen)*

Mit der verstärkten Fersenwand beginnen, dazu die M der 1. Nd auf die 4. Nd stricken (insg. 28/30/32 M). Die restlichen M bleiben ungestrickt. Die Arbeit wenden, die 1. M li abheben, ohne sie zu stricken, die übrigen M li stricken. Gleichzeitig für Größe 37 2 M zunehmen und für Größe 41 2 M abnehmen, damit die Ferse 30 M hat.

Hin-R: Die Arbeit wenden, *1 M abheben, ohne sie zu stricken, 1 M re*, *–* die ganze R lang wiederholen.

Rück-R: Die Arbeit wenden und 1 M li abheben, ohne sie zu stricken, die übrigen M li stricken.

Diese zwei R wiederholen, bis für die Fersenwand 30 R gestrickt sind und zuletzt eine Rück-R gestrickt wurde.

Die Käppchenabnahmen in der nächsten Hin-R beginnen und weiterhin verstärkt stricken, bis noch 11 M auf der Nd sind. 1 ssk oder Übz stricken und die Arbeit wenden. Auf der anderen Nd sind 9 M. 1 M li abheben, ohne sie zu stricken, li stricken, bis 11 M übrig sind.

2 M li zusstr und die Arbeit wenden. 1 M abheben, ohne sie zu stricken, und verstärkt stricken, bis noch 10 M auf der Nd sind. 1 ssk oder Übz stricken und die Arbeit wenden. 1 M li abheben, ohne sie zu stricken, li stricken, bis 10 M übrig sind. 2 M li zusstr und die Arbeit wenden.

So fortfahren, dabei werden die äußeren M in jeder R reduziert, die mittleren M bleiben gleich (10 M). Wenn die äußeren M aufgebraucht sind, die M der Fersenwand auf 2 Nd verteilen (5-5). 5 M re stricken, sodass der Faden zwischen der 1. und 4. Nd liegt.

FUSSTEIL *(alle Größen)*

Aus dem linken Fersenrand mit der freien Nd 17 M auffassen. Die 5 M der 1. Nd stricken, dann die 17 aufgefassten M re verschränkt stricken. Mit der 2. und 3. Nd das Muster laut Strickschrift A stricken, mit Rd 1 beginnen. Aus dem rechten Fersenrand 17 M auffassen und re verschränkt stricken, auf dieselbe Nd noch die 5 M der 4. Nd stricken. Die Arbeit hat jetzt 76 M.

Mit den Zwickelabnahmen beginnen: In jeder 2. Rd am Ende der 1. Nd 2 M re zusstr, am Anfang der 4. Nd 1 ssk oder Übz stricken. Mit der 2. und 3. Nd weiter im Muster laut Strickschrift A stricken. Mit den Zwickelabnahmen fortfahren, bis noch 58 M (13-16-16-13)/60 M (14-16-16-14)/62 M (15-16-16-15) übrig sind. Mit der 1. und 4. Nd weiter re und mit der 2. und 3. Nd im Muster stricken. Wenn alle 40 Rd laut Strickschrift A gestrickt sind, noch 14/18/20 Rd re stricken. Vor den Spitzenabnahmen die Maschen auf den Nd verteilen: 14-15-15-14/15-15-15-15/15-16-16-15.

Eine breite Bandspitze arbeiten. Die Abnahmen zunächst in jeder 2. Rd stricken. Wenn noch 42/40/42 M (10-11-11-10/10-10-10-10/10-11-11-10) auf den Nd übrig sind, die Abnahmen in jeder Rd stricken.

1. und 3. Nd: re stricken, bis 3 M übrig sind; 2 M re zusstr, 1 M re.

2. und 4. Nd: 1 M re, 1 ssk, die restlichen M re stricken.

Wenn insg. noch 10/8/10 M übrig sind, den Faden abschneiden und durch die M ziehen. Die Fadenenden vernähen und die Socken leicht dämpfen.

STRICKSCHRIFT A

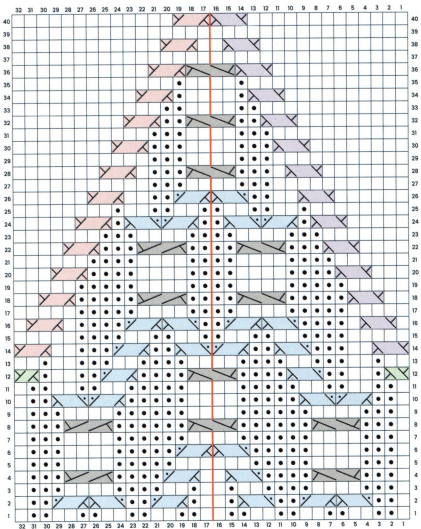

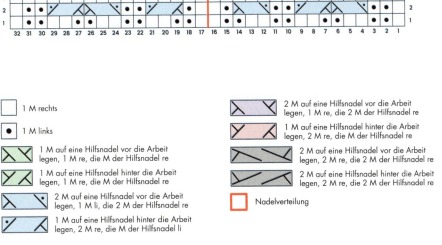

FLÜGEL DER NACHT

Der Tanz der Kolibris – ein wilder und unbeschwerter Flug, dazu der Kontrast zwischen dunkler Nacht und hellem Tageslicht. Die freien Seelen der Vögel erinnern uns daran, im Hier und Jetzt zu leben und jeden Moment voll auszukosten. Diese schönen Socken mit Einstrickmuster lassen Sie in eine Welt voll Freude und Lebendigkeit gleiten.

Größe: 39

Garn und Garnverbrauch: Grundfarbe Novita 7 Brothers, 130–150 g Graphit (Fb 044), Musterfarbe Novita 7 Brothers, 80–90 g Geisha (Fb 525), außerdem 10 g Pink und 10 g Gelb zur Verzierung

Nadelspiel: 3,5 mm, Hilfsnadel

Maschenprobe: 20 M und 26 Rd = 10 cm × 10 cm

BEVOR SIE BEGINNEN

Die Strickschrift wird von unten nach oben und von rechts nach links gelesen. Die Anleitung gilt für zwei Schäfte unterschiedlicher Größe (mittel und breit). Laut Strickschrift A1 gearbeitete Socken haben eine Schaftbreite, die für Waden mit einem Umfang von ca. 35–39 cm passt. Strickschrift A2 ergibt Socken für Waden mit einem Umfang von ca. 40–45 cm. Ferse und Fußteil werden in beiden Wadenweiten nach derselben Anleitung gestrickt. Die pinkfarbenen und gelben Blumen werden nachträglich optional auf die Socke gestickt. Ohne diese Verzierung erscheinen die Blumen in der Musterfarbe.

SCHAFT *(mittelgroß)*

65 M in der Grundfarbe anschlagen und auf den Nd verteilen: 15-18-16-16. Das Bündchenmuster laut Strickschrift A1, Rd 1–13 arbeiten. Noch Rd 14 re stricken und die M auf den Nd verteilen: 16-17-16-16.

Das Einstrickmuster laut Strickschrift A1 ab der 15. Rd beginnen und den Schaft laut der Strickschrift arbeiten, dabei in den unten genannten Rd wie markiert abnehmen.

Abnahmen:

41. Rd: Auf der 4. Nd abnehmen.
42. Rd: Auf der 1. Nd abnehmen (die Arbeit hat 63 M).
53. Rd: Auf der 4. Nd abnehmen.
54. Rd: Auf der 1. Nd abnehmen (die Arbeit hat 61 M). In der 55. Rd die M neu verteilen: 18-13-12-18.
60. Rd: Auf der 4. Nd abnehmen.
61. Rd: Auf der 1. Nd abnehmen (die Arbeit hat 59 M).
66. Rd: Auf der 4. Nd abnehmen.
67. Rd: Auf der 1. Nd abnehmen (die Arbeit hat 57 M).
71. Rd: Auf der 4. Nd abnehmen.
72. Rd: Auf der 1. Nd abnehmen (die Arbeit hat 55 M).
76. Rd: Auf der 4. Nd abnehmen.
77. Rd: Auf der 1. Nd abnehmen (die Arbeit hat 53 M).
80. Rd: Auf der 4. Nd abnehmen.
81. Rd: Auf der 1. Nd abnehmen (die Arbeit hat 51 M).

Wenn alle 104 Rd für den Schaft gestrickt sind, die M auf den Nd verteilen: 13-13-12-13.

SCHAFT *(breit)*

72 M in der Grundfarbe anschlagen und auf den Nd verteilen: 18-18-18-18. Das Bündchenmuster laut Strickschrift A2, Rd 1–13 arbeiten. Die 14. Rd re und gleichzeitig 1 M zunehmen für folgende Nadelverteilung: 18-19-18-18.

Das Einstrickmuster laut Strickschrift A2 ab der 15. Rd beginnen und den Schaft laut der Strickschrift arbeiten, dabei in den unten genannten Rd wie markiert abnehmen.

Abnahmen:

39. Rd: Auf der 4. Nd abnehmen.
40. Rd: Auf der 1. Nd abnehmen (die Arbeit hat 71 M).
45. Rd: Auf der 4. Nd abnehmen.
46. Rd: Auf der 1. Nd abnehmen (die Arbeit hat 69 M).
50. Rd: Auf der 4. Nd abnehmen.
51. Rd: Auf der 1. Nd abnehmen (die Arbeit hat 67 M).
55. Rd: Auf der 4. Nd abnehmen.
56. Rd: Auf der 1. Nd abnehmen (die Arbeit hat 65 M). In der 59. Rd die M neu verteilen: 20-13-12-20.
60. Rd: Auf der 4. Nd abnehmen.
61. Rd: Auf der 1. Nd abnehmen (die Arbeit hat 63 M).
65. Rd: Auf der 4. Nd abnehmen.
66. Rd: Auf der 1. Nd abnehmen (die Arbeit hat 61 M).
70. Rd: Auf der 4. Nd abnehmen.
71. Rd: Auf der 1. Nd abnehmen (die Arbeit hat 59 M).
75. Rd: Auf der 4. Nd abnehmen.
76. Rd: Auf der 1. Nd abnehmen (die Arbeit hat 57 M).
80. Rd: Auf der 4. Nd abnehmen.
81. Rd: Auf der 1. Nd abnehmen (die Arbeit hat 55 M).
85. Rd: Auf der 4. Nd abnehmen.
86. Rd: Auf der 1. Nd abnehmen (die Arbeit hat 53 M).
90. Rd: Auf der 1. Nd abnehmen.
91. Rd: Auf der 4. Nd abnehmen (die Arbeit hat 51 M).

Wenn alle 104 Rd für den Schaft gestrickt sind, die M auf den Nd verteilen: 13-13-12-13.

FERSE

Mit der verstärkten gerippten Fersenwand in der Grundfarbe beginnen, dazu die M der 1. Nd re auf die 4. Nd stricken (insg. 26 M).

Die restlichen M bleiben ungestrickt. Die Arbeit wenden, die 1. M li abheben, ohne sie zu stricken, die übrigen M li stricken. Gleichzeitig 2 M abnehmen, damit die Ferse 24 M hat.

Hin-R: Die Arbeit wenden, *1 M abheben, ohne sie zu stricken, 1 M re*, *–* bis R-Ende wiederholen.

Rück-R: Die Arbeit wenden, 1 M li abheben, ohne sie zu stricken, 1 M li, *1 M re, 1 M li*, *–* bis R-Ende wiederholen.

Diese zwei R wiederholen, bis für die verstärkte Fersenwand 24 R gestrickt sind und zuletzt eine Rück-R gestrickt wurde. Die Käppchenabnahmen in der nächsten Hin-R beginnen und weiterhin verstärkt stricken, bis noch 9 M auf der Nd sind. 1 ssk oder Übz stricken und die Arbeit wenden. Auf der anderen Nd sind 7 M. 1 M li abheben, ohne sie zu stricken und verstärkt stricken, bis noch 9 M übrig sind. 2 M li zusstr und die Arbeit wenden. 1 M re abheben, ohne sie zu stricken, und verstärkt stricken, bis 8 M übrig sind. 1 Übz stricken und die Arbeit wenden. 1 M li abheben, ohne sie zu stricken, und verstärkt stricken, bis noch 8 M übrig sind. 2 M li zusstr und die Arbeit wenden.

So fortfahren, dabei werden die äußeren M in jeder R reduziert, die mittleren M bleiben gleich (8 M). Wenn die äußeren M aufgebraucht sind, die M der Fersenwand auf 2 Nd verteilen (4-4). 4 M re stricken, sodass der Faden in der Fersenmitte der 1. und 4. Nd liegt.

FUSSTEIL

Aus dem Fersenrand mit der 1. Nd 14 M auffassen, mit der 4. Nd aus dem anderen Fersenrand ebenfalls 14 M auffassen. Die Arbeit hat jetzt 61 M. Mit dem Einstrickmuster laut Strickschrift B mit der 1. Rd beginnen. Die aus dem Fersenrand aufgefassten M re verschränkt stricken. Für die Zwickelabnahmen in den in der Strickschrift B angegebenen Rd (2, 4, 6, 8, 10 und 12) am Ende der 1. Nd 2 M re zusstr und am Anfang der 4. Nd 1 ssk oder Übz stricken. Die hellgrau markierten Karos stellen keine Maschen dar. Nach den Zwickelabnahmen sind 49 M übrig (12-13-12-12).

Das Einstrickmuster weiter laut Strickschrift stricken. Wenn alle 37 Rd laut Strickschrift B gestrickt sind, noch die letzte Rd der Strickschrift stricken, dabei am Ende der 4. Nd 1 M abnehmen. Die M auf den Nd verteilen: 12-12-12-12. Eine breite Bandspitze in der Grundfarbe arbeiten. Die Abnahmen zunächst in jeder 2. Rd stricken. Wenn noch 8 M auf jeder Nd übrig sind (insg. 32 M), die Abnahmen in jeder Rd stricken.

1. und 3. Nd: re stricken, bis 3 M übrig sind; 2 M re zusstr, 1 M re.

2. und 4. Nd: 1 M re, 1 ssk, die restlichen M re stricken.

Wenn insg. noch 8 M übrig sind, den Faden abschneiden und durch die M ziehen. Die Fadenenden vernähen und die Socken leicht dämpfen. Die pinkfarbenen und gelben Blumen an den in der Strickschrift angegebenen Stellen aufsticken.

STRICKSCHRIFT A, MITTELGROSSER SCHAFT

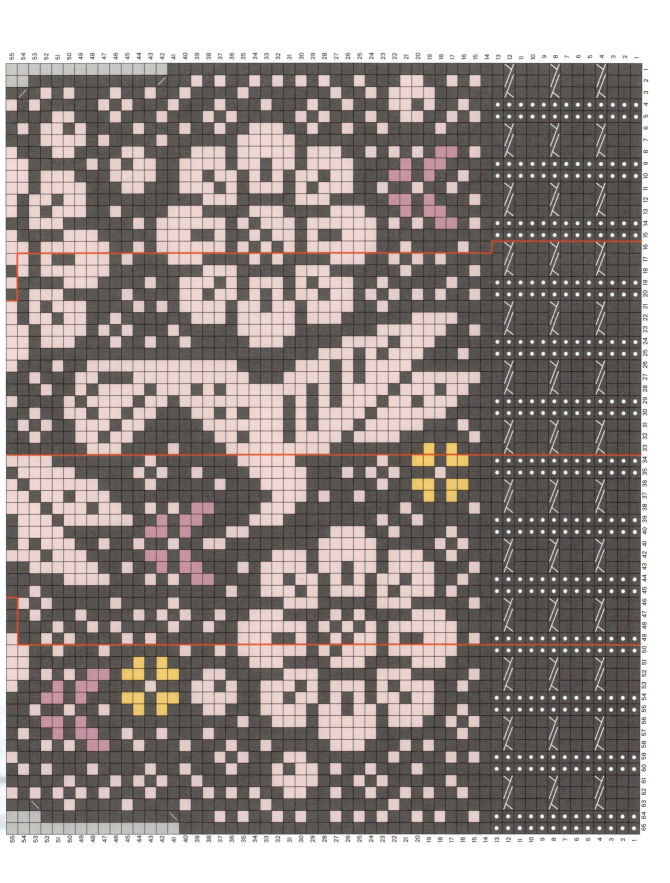

STRICKSCHRIFT A2, BREITER SCHAFT

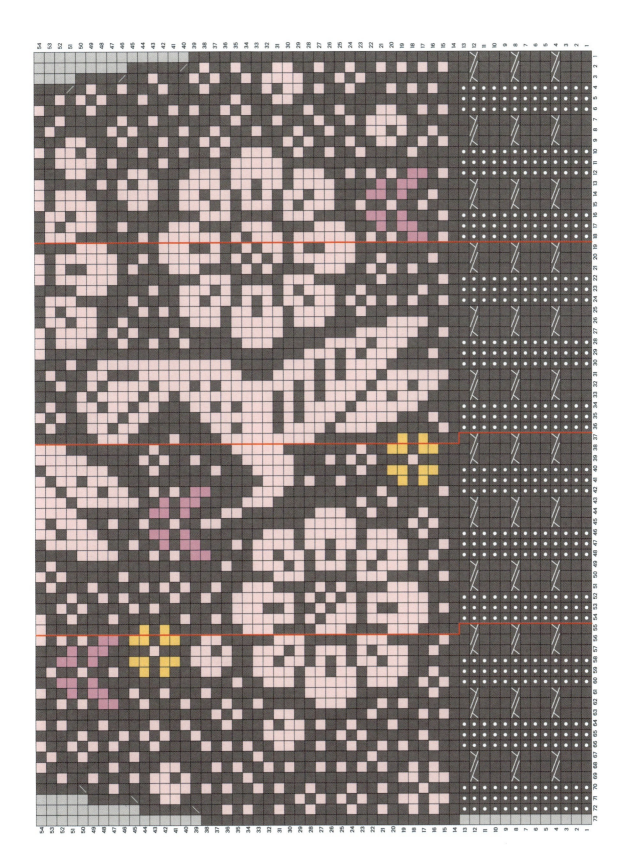

STRICKSCHRIFT B

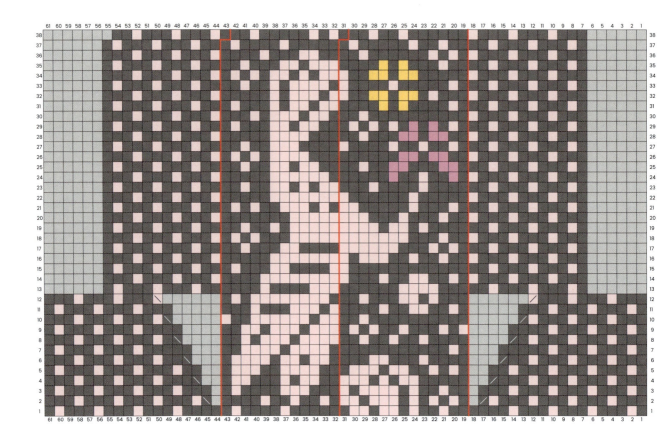

- 1 M rechts (Grundfarbe)
- 1 M rechts (Musterfarbe)
- 1 M links (Grundfarbe)
- 2 M auf eine Hilfsnadel vor die Arbeit legen, 2 M re, die M der Hilfsnadel re (Grundfarbe)
- 1 M re (Musterfarbe), hier wird nachträglich Verzierung (gelb) aufgestickt
- 1 M re (Musterfarbe), hier wird nachträglich Verzierung (pink) aufgestickt
- 2 M nacheinander wie zum Rechtsstricken abheben, zurück auf die linke Nd legen und von hinten zusstr (Grundfarbe)
- 2 M re zusstr (Grundfarbe)
- 2 M nacheinander wie zum Rechtsstricken abheben, zurück auf die linke Nd legen und von hinten zusstr (Musterfarbe)
- 2 M re zusstr (Musterfarbe)
- keine Masche
- Nadelverteilung

SILBERMOND

*Unter dem silbernen Mond schimmern die Mondlilien
in ihrer ganzen Pracht. Das bezaubernde Lochmuster fängt
die Anmut ihrer Blüten ein und ist trotz erhöhten
Schwierigkeitsgrades für alle Strickbegeisterten geeignet.*

Größe: 38/39
Wadenumfang: 33–38 cm
Garn: Novita 7 Brothers, Weiß (Fb 011)
Garnverbrauch: 180 g
Nadelspiel: 3,5 mm, Hilfsnadel
Maschenprobe: 20 M und 26 Rd = 10 cm × 10 cm

BEVOR SIE BEGINNEN

Die Nadelverteilung ändert sich im Laufe der Arbeit,
da die Ab- und Zunahmen zum Teil zwischen den Nadeln liegen.
Auch die Anzahl der Maschen variiert mit den Reihen.
Achten Sie auf die korrekte Nadelverteilung, bevor Sie mit der
Ferse und den Spitzenabnahmen beginnen; ansonsten hat
sie keine Bedeutung.

SCHAFT

69 M anschlagen und auf den Nd verteilen: 22-13-12-22. Zunächst Rd 1–46 des Schafts laut Strickschrift A1 und dann Rd 47–94 laut Strickschrift A2 stricken. Mit den in der Strickschrift gezeichneten Wadenabnahmen reduziert sich die Maschenzahl auf 49 M. Vor der Ferse die M auf den Nd verteilen: 13-12-11-13. Wenn Sie einen etwas breiteren Knöchel wünschen, die letzten Abnahmen ignorieren und die nicht benötigten 2 M in R 1 der Fersenwand abnehmen.

FERSE

Mit der versetzt verstärkten Fersenwand im Wabenmuster beginnen, dazu die M der 1. Nd re auf die 4. Nd stricken (insg. 26 M). Die restlichen M bleiben ungestrickt. Die Arbeit wenden und 1 M li abheben, ohne sie zu stricken, die übrigen M li stricken. Gleichzeitig 2 M abnehmen, damit die Ferse 24 M hat.

1. R (Hin-R): Die Arbeit wenden, *1 M abheben, 1 M re*, *–* die ganze R lang wiederholen.

2. R (Rück-R): Die Arbeit wenden und 1 M li abheben, ohne sie zu stricken, die übrigen M li stricken.

3. R (Hin-R): Die Arbeit wenden und 1 M abheben, 1 M re, *1 M re, 1 M abheben*, *–* wiederholen, bis noch 2 M übrig sind, 2 M re.

4. R (Rück-R): Die Arbeit wenden und 1 M li abheben, ohne sie zu stricken, die übrigen M li stricken.

Diese 4 R wiederholen, bis für die Fersenwand 24 R gestrickt sind und zuletzt eine Rück-R gestrickt wurde.

Die Käppchenabnahmen in der nächsten Hin-R beginnen und weiterhin verstärkt stricken, bis noch 9 M auf der Nd sind. 1 ssk oder Übz stricken und die Arbeit wenden. Auf der anderen Nd sind 7 M. 1 M li abheben, ohne sie zu stricken, li stricken, bis 9 M übrig sind. 2 M li zusstr und die Arbeit wenden. 1 M re abheben, ohne sie zu stricken, und verstärkt stricken, bis 8 M übrig sind. 1 ssk oder Übz stricken und die Arbeit wenden. 1 M li abheben, ohne sie zu stricken, li stricken, bis 8 M übrig sind. 2 M li zusstr und die Arbeit wenden. So fortfahren, dabei werden die äußeren M in jeder R reduziert, die mittleren M bleiben gleich (8 M). Wenn die äußeren M aufgebraucht sind, die M der Fersenwand auf 2 Nd verteilen (4-4). 4 M re stricken, sodass der Faden zwischen der 1. und 4. Nd liegt.

FUSSTEIL

Aus dem linken Fersenrand mit der freien Nd 14 M auffassen. Die 4 M der 1. Nd stricken, danach die 14 aufgefassten M re verschränkt stricken. Mit der 2. und 3. Nd das Muster laut Strickschrift B1 stricken und mit R 1 beginnen.

Aus dem rechten Fersenrand 14 M auffassen und re verschränkt stricken, auf dieselbe Nd noch die 4 M der 4. Nd stricken. Die Arbeit hat jetzt 61 M.

Mit den Zwickelabnahmen beginnen: In jeder 2. Rd am Ende der 1. Nd 2 M re zusstr, am Anfang der 4. Nd 1 ssk oder Übz stricken. Mit der 2. und 3. Nd weiter im Muster laut Strickschrift B1. Mit den Zwickelabnahmen fortfahren, bis noch 47 M (12-12-11-12) übrig sind und alle 12 Rd von Strickschrift B1 gestrickt wurden. Mit der 1. und 4. Nd weiterhin re, mit der 2. und 3. Nd die Rd. 13–28 laut Strickschrift B2 stricken. Anschließend mit allen Nd noch 16 R re stricken (Länge Fußteil insg. 44 R).

Eine breite Bandspitze arbeiten. Die Abnahmen in jeder 2. Rd stricken, bis noch 35 M (9-9-8-9) übrig sind, danach in jeder Rd abnehmen. In der letzten Rd mit der 3. Nd nicht abnehmen.

1. und 3. Nd: re stricken, bis 3 M übrig sind; 2 M re zusstr, 1 M re.

2. und 4. Nd: 1 M re, 1 ssk, die restlichen M re stricken.

Es bleiben 8 M übrig. Den Faden abschneiden und durch die M ziehen. Die Fadenenden vernähen und die Socken leicht dämpfen.

STRICKSCHRIFT A1, RD 1–46

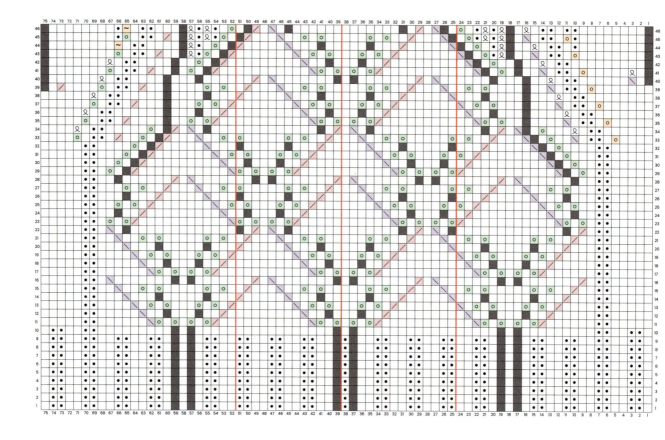

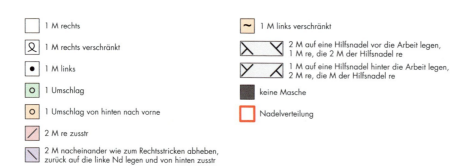

- 1 M rechts
- 1 M rechts verschränkt
- 1 M links
- 1 Umschlag
- 1 Umschlag von hinten nach vorne
- 2 M re zusstr
- 2 M nacheinander wie zum Rechtsstricken abheben, zurück auf die linke Nd legen und von hinten zusstr
- 1 M links verschränkt
- 2 M auf eine Hilfsnadel vor die Arbeit legen, 1 M re, die 2 M der Hilfsnadel re
- 1 M auf eine Hilfsnadel hinter die Arbeit legen, 2 M re, die M der Hilfsnadel re
- keine Masche
- Nadelverteilung

STRICKSCHRIFT A2, RD 47–94

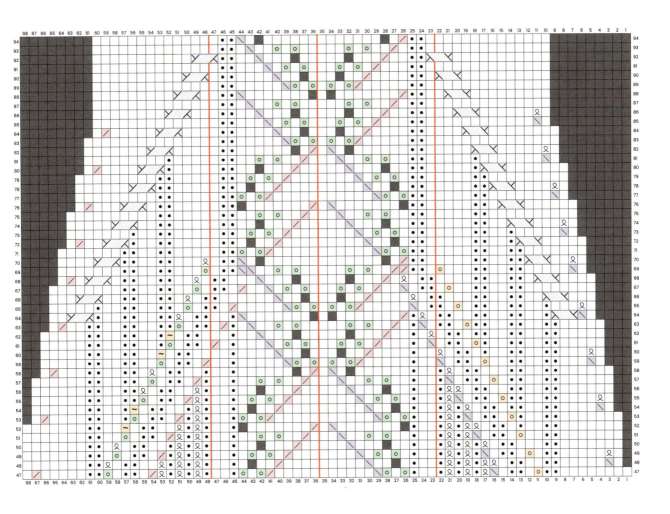

STRICKSCHRIFT B1, RD 1–12

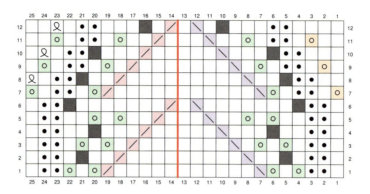

STRICKSCHRIFT B2, RD 13–28

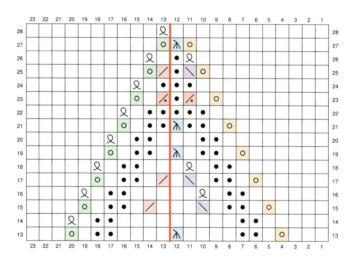

- ☐ 1 M rechts
- 1 M rechts verschränkt
- • 1 M links
- ○ 1 Umschlag
- ○ 1 Umschlag von hinten nach vorne
- ╱ 2 M re zusstr
- 2 M nacheinander wie zum Rechtsstricken abheben, zurück auf die linke Nd legen und von hinten zusstr
- ╱ 2 M li zusstr
- ⋏ 1 M re abheben, 2 M re zusstr, die abgehobene M über die gestrickten M ziehen
- ■ keine Masche
- ☐ Nadelverteilung

HIMMELSFLUSS

*Wie kleine schimmernde Perlen fallen die Regentropfen
auf die Blätter nieder. Auf ihrem Weg hinab zur Erde tanzen sie
neckisch durch die Lüfte. In diesem Sockenmuster liegt die
Frische eines Regentages. Wie ein Rinnsal verläuft der Zopf am
hinteren Schaft bis zur Ferse hinab.*

Größe: 37/39
Garn: Novita Nalle, Tropfen (Fb 183)
Garnverbrauch: 80/85 g
Nadelspiel: 3,0 mm, Hilfsnadel
Maschenprobe: 23 M und 29 Rd = 10 cm × 10 cm

BEVOR SIE BEGINNEN

Die Nadelverteilung ändert sich im Laufe der Arbeit,
da die Ab- und Zunahmen zum Teil zwischen den Nadeln liegen.
Achten Sie darauf, dass die Gesamtzahl der Maschen stimmt
und die Nadelverteilung korrekt ist, bevor Sie mit der Ferse
beginnen. Beide Größen werden bis zur Ferse nach derselben
Anleitung gestrickt.
Danach sind die Abweichungen für Größe 39 blau markiert.

SCHAFT

56 M anschlagen und auf den Nd verteilen: 17-14-15-10. Den Schaft laut Strickschrift A stricken (Rd 1–54).

FERSE

Mit der Fersenwand beginnen, dazu die M der 1. Nd wie folgt auf die 4. Nd stricken: Die R 1–27 laut Strickschrift B arbeiten, die restlichen M bleiben ungestrickt. Die Fersenwand hat insg. 27 M. Die Arbeit wenden und die Rück-R laut Strickschrift B stricken. Achtung! Die 1. M der Fersenwand in der Hin-R immer re abheben, ohne sie zu stricken, und in der Rück-R immer li abheben, ohne sie zu stricken. R. 3–24 laut Strickschrift B arbeiten.

Das Fersenende re stricken und mit den Käppchenabnahmen beginnen, dazu in der Hin-R stricken, bis 9 M auf der Nd verblieben. 1 ssk oder Übz stricken und die Arbeit wenden. Auf der anderen Nd sind 7 M. 1 M li abheben, ohne sie zu stricken, li stricken, bis 9 M übrig sind. 2 M li zusstr und die Arbeit wenden. 1 M abheben, ohne sie zu stricken, und verstärkt stricken, bis noch 8 M auf der Nd sind. 1 ssk oder Übz stricken und die Arbeit wenden. 1 M li abheben, ohne sie zu stricken, li stricken, bis 8 M übrig sind. 2 M li zusstr und die Arbeit wenden.

So fortfahren, dabei werden die äußeren M in jeder R reduziert, die mittleren M bleiben gleich (11 M). Wenn die äußeren M aufgebraucht sind, die M der Fersenwand auf 2 Nd verteilen (6-5).

2 M re zusstr, sodass der Faden in der Fersenmitte zwischen der 1. und 4. Nd liegt.

FUSSTEIL

Aus dem linken Fersenrand mit der freien Nd 13 M auffassen. Die 5 M der 1. Nd stricken, danach die 13 aufgefassten M re verschränkt stricken. Mit der 2. und 3. Nd das Muster laut Strickschrift C arbeiten, dabei mit Rd 1 beginnen und Rd 1–12 wiederholen. Aus dem rechten Fersenrand 13 M auffassen und re verschränkt stricken, auf dieselbe Nd noch die 5 M der 4. Nd stricken. Die Arbeit hat jetzt 65 M.

Mit den Zwickelabnahmen beginnen: In jeder 2. Rd am Ende der 1. Nd 2 M re zusstr, am Anfang der 4. Nd 1 ssk oder Übz stricken. Mit der 1. und 4. Nd re, mit der 2. und 3. Nd im Muster laut Strickschrift C stricken. Mit den Zwickelabnahmen fortfahren, bis insg. 53 M (12-14-15-12)/57 M (14-14-15-14) übrig sind. Mit der 1. und 4. Nd weiterhin re und mit der 2. und 3. Nd im Muster laut Strickschrift C stricken.

Größe 37:
Wenn nach der Ferse insg. 42 Rd und zuletzt Rd 6 der Strickschrift C gestrickt sind, die M auf den Nd verteilen (13-13-14-13) und mit den Spitzenabnahmen beginnen.

1. Rd: mit der 1. Nd 13 re, mit der 2. und 3. Nd Rd 1 laut Strickschrift D, mit der 4. Nd 13 re.
2. Rd: mit der 1. Nd 13 re, mit der 2. und 3. Nd Rd 12 laut Strickschrift D, mit der 4. Nd 13 re.

Eine Bandspitze arbeiten.

Die Abnahmen zunächst in jeder 2. Rd stricken. Wenn insg. 35 M (9-8-9-9) übrig sind, in jeder Rd abnehmen.

1. Nd: re stricken, bis noch 3 M übrig sind, 2 M re zusstr, 1 M re.
2. Nd: 1 ssk, die restlichen M re stricken.
3. Nd: re stricken, bis noch 2 M übrig sind, 2 M re zusstr.
4. Nd: 1 M re, 1 ssk, die restlichen M re stricken.

In der letzten Rd auf der 2. Nd nicht abnehmen. Wenn insg. noch 9 M übrig sind, den Faden abschneiden und durch die M ziehen. Die Fadenenden vernähen und die Socken leicht dämpfen.

Größe 39:
Wenn nach der Fersenwand insg. 49 Rd und zuletzt Rd 1 der Strickschrift C gestrickt sind, eine breite Bandspitze arbeiten. Die Abnahmen zunächst in jeder 2. Rd stricken. Wenn insg. noch 37 M (9-9-10-9) übrig sind, in jeder Rd abnehmen.

1. und 3. Nd: re stricken, bis 3 M übrig sind; 2 M re zusstr, 1 M re.
2. und 4. Nd: 1 M re, 1 ssk, die restlichen M re stricken.

Wenn insg. noch 9 M übrig sind, den Faden abschneiden und durch die M ziehen. Die Fadenenden vernähen und die Socken leicht dämpfen.

STRICKSCHRIFT A

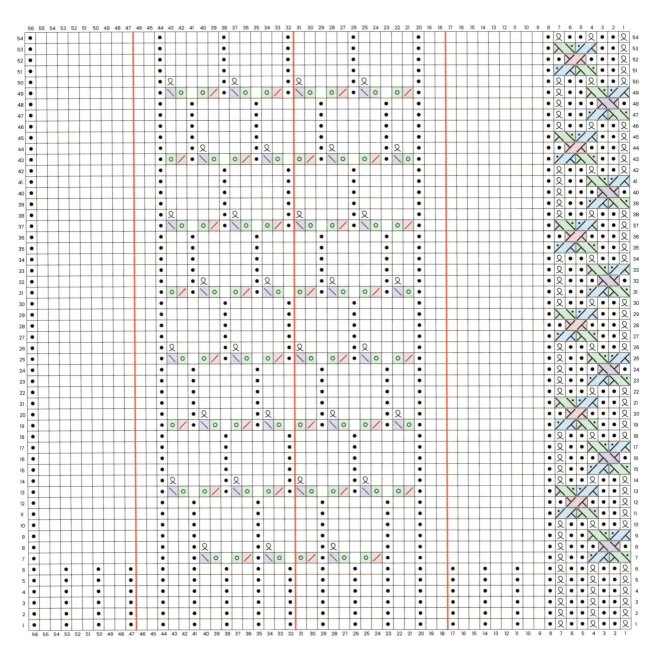

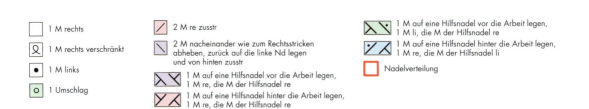

STRICKSCHRIFT B

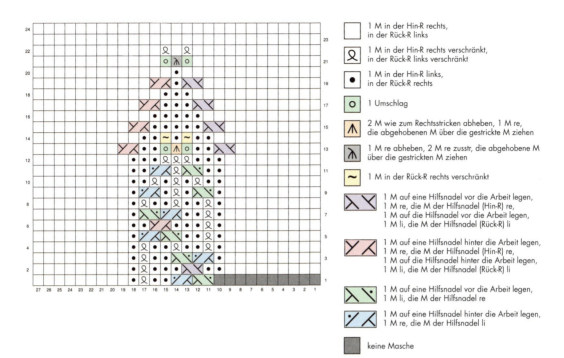

STRICKSCHRIFT C

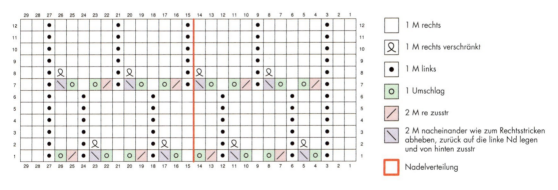

STRICKSCHRIFT D (37)

WEINGARTEN

*Lassen Sie sich vom tiefen Violett der sich innig
verflechtenden Weinreben verzaubern, während das
Lachen und Plaudern Ihrer Weingesellschaft
Ihr Herz erwärmen.*

Größe: 39
Garn und Garnverbrauch:
Grundfarbe Opal Uni 4-ply, 80 g Mittelgrau (Fb 5193),
Musterfarben Opal Uni 4-ply, 40 g Olive (Fb 5184) und
Opal Uni 4-ply, 40 g Violett (Fb 3072)
Nadelspiel: 2,5 mm
Maschenprobe: 30 M und 33 Rd = 10 cm × 10 cm

BEVOR SIE BEGINNEN

Die Strickschrift wird von unten nach oben
und von rechts nach links gelesen.

SCHAFT

66 M im olivgrünen Garn anschlagen und auf den Nd verteilen: 17-15-17-17. Für das Spitzenbündchen die ersten 10 Rd laut Strickschrift A stricken.

Nach dem Bündchen das Einstrickmuster laut Strickschrift ab der 11. Rd beginnen und die M auf den Nd verteilen: 17-16-16-17. Den Schaft laut der Strickschrift A arbeiten (37 Rd).

FERSE

Mit der verstärkten Fersenwand in der Grundfarbe beginnen, dazu die M der 1. Nd re auf die 4. Nd stricken (insg. 34 M). Die restlichen M bleiben ungestrickt. Die Arbeit wenden, die 1. M li abheben, ohne sie zu stricken, die übrigen M li stricken. Gleichzeitig 2 M abnehmen, damit die Ferse 32 M hat.

Hin-R: Die Arbeit wenden, *1 M abheben, ohne sie zu stricken, 1 M re*, *–* bis R-Ende wiederholen.

Rück-R: Die Arbeit wenden und 1 M li abheben, ohne sie zu stricken, die übrigen M li stricken.

Diese zwei R wiederholen, bis für die Fersenwand 32 R gestrickt sind und zuletzt eine Rück-R gestrickt wurde. Die Käppchenabnahmen in der nächsten Hin-R beginnen und weiterhin verstärkt stricken, bis noch 11 M auf der Nd sind. 1 ssk oder Übz stricken und die Arbeit wenden. Auf der anderen Nd sind 9 M. 1 M li abheben, ohne sie zu stricken, li stricken, bis 11 M übrig sind. 2 M li zusstr und die Arbeit wenden. 1 M abheben, ohne sie zu stricken, und verstärkt stricken, bis noch 10 M auf der Nd sind. 1 ssk oder Übz stricken und die Arbeit wenden. 1 M li abheben, ohne sie zu stricken, li stricken, bis 10 M übrig sind. 2 M li zusstr und die Arbeit wenden.

So fortfahren, dabei werden die äußeren M in jeder R reduziert, die mittleren M bleiben gleich (12 M). Wenn die äußeren M aufgebraucht sind, die M der Fersenwand auf 2 Nd verteilen (6-6). 6 M re stricken, sodass der Faden zwischen der 1. und 4. Nd liegt.

FUSSTEIL

Aus dem Fersenrand mit der 1. Nd 18 M auffassen, mit der 4. Nd aus dem anderen Fersenrand ebenfalls 18 M auffassen. Die Arbeit hat jetzt 80 M. Mit dem Einstrickmuster laut Strickschrift B ab der 1. Rd. beginnen. Die aus dem Fersenrand aufgefassten M re verschränkt stricken. Für die Zwickelabnahmen in den in der Strickschrift B angegebenen Rd (2, 4, 6, 8, 10, 12, 14 und 16) am Ende der 1. Nd 2 M re zusstr und am Anfang der 4. Nd 1 ssk oder Übz stricken. Die dunkelgrau markierten Karos stellen keine Maschen dar. Nach den Zwickelabnahmen bleiben 64 M (16-16-16-16) übrig.

Das Einstrickmuster weiter laut Strickschrift stricken. Wenn alle 46 Rd laut Strickschrift B gestrickt sind, eine breite Bandspitze in der Musterfarbe Olive beginnen. Die Abnahmen zunächst in jeder 2. Rd stricken, wenn noch 11 M auf jeder Nd übrig sind (insg. 44 M), die Abnahmen in jeder Rd stricken.

1. und 3. Nd: re stricken, bis noch 3 M übrig sind, 2 M re zusstr und 1 M re.

2. und 4. Nd: 1 M re, 1 ssk, die restlichen M re stricken.

Wenn insg. noch 8 M übrig sind, den Faden abschneiden und durch die M ziehen. Die Fadenenden vernähen und die Socken leicht dämpfen.

STRICKSCHRIFT A

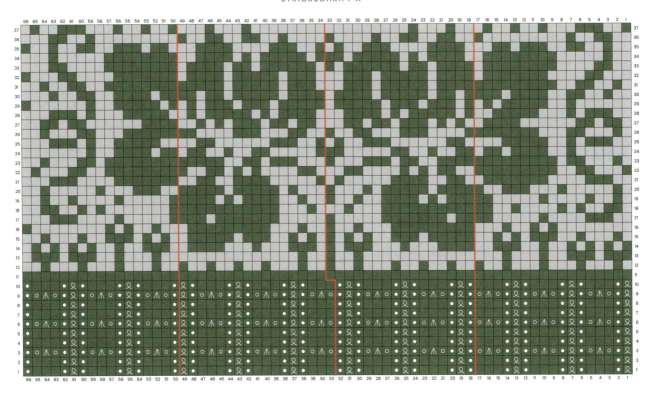

- 1 M rechts (Grundfarbe)
- 1 M rechts (Olive)
- 1 M rechts (Violett)
- 1 M rechts verschränkt (Olive)
- 1 M links (Olive)
- 2 M nacheinander wie zum Rechtsstricken abheben, zurück auf die linke Nd legen und von hinten zusstr
- 1 Umschlag
- 2 M re zusstr (Grundfarbe)
- 2 M nacheinander wie zum Rechtsstricken abheben, zurück auf die linke Nd legen und von hinten zusstr (Grundfarbe)
- keine Masche
- Nadelverteilung

STRICKSCHRIFT B

GOLDENE BLÄTTER

*Es ist die Zeit des letzten Sommerblühens und der goldene
Herbst steht bevor. Leise neigt sich das Jahr des Gartens zum Winter
hin dem Ende entgegen. Das Glühen der goldenen Blätter:
die letzte Fanfare auf die Schönheit des Sommers.*

Größe: 39

Wadenumfang: 35–39 cm

Garn und Garnverbrauch: Grundfarbe Kaupunkilanka Rotvalli,
110 g Schneeweiß (Fb 11),
Musterfarbe Cevec Blossom Fade, 70 g Dunkler Regenbogen (Fb 30)

Nadelspiel: 3,0 mm

Maschenprobe: 24 M und 32 Rd = 10 cm × 10 cm

BEVOR SIE BEGINNEN

Die Strickschrift wird von unten nach oben und von
rechts nach links gelesen. Für das Bündchen können Sie eine halbe
Nummer kleinere Nadeln verwenden, damit es fester wird.
Wenn die Socken für breitere Waden passen sollen, können Sie
für das Einstrickmuster ein Nadelspiel 3,5 mm nehmen. So passt
der Schaft für Waden mit einem Umfang von über 40 cm.

SCHAFT

76 M in der Musterfarbe anschlagen und auf den Nd verteilen: 19-19-19-19. Für das Bündchen 11 Rd laut Strickschrift A stricken.

Nach dem Bündchen das Einstrickmuster laut der Strickschrift ab der 12. Rd beginnen und gleichzeitig 1 M auf der 1. Nd zunehmen (Nadelverteilung: 20-19-19-19). Den Schaft laut Strickschrift arbeiten, dabei in den unten genannten Rd im Anfangsbereich der 1. Nd und im Endbereich der 4. Nd an geeigneter Stelle abnehmen.

Abnahmerunden: 40, 55, 71, 83, 90, 95, 99 und 105. Die Arbeit hat jetzt 61 M.

Achtung! In der 70. Rd die M neu verteilen: 21-16-15-21.

Wenn alle 111 Rd für den Schaft gestrickt sind, die M auf den Nd verteilen: 15-16-15-15.

FERSE

Mit der verstärkten gerippten Fersenwand in der Grundfarbe beginnen, dazu die M der 1. Nd re auf die 4. Nd stricken (insg. 30 M). Die restlichen M bleiben ungestrickt. Die Arbeit wenden, die 1. M li abheben, ohne sie zu stricken, die übrigen M li stricken.

Hin-R: Die Arbeit wenden, *1 M abheben, ohne sie zu stricken, 1 M re*, *–* bis R-Ende wiederholen.

Rück-R: Die Arbeit wenden, 1 M li abheben, ohne sie zu stricken, 1 M li, *1 M re, 1 M li*, *–* bis R-Ende wiederholen.

Diese zwei R wiederholen, bis für die Fersenwand 30 R gestrickt sind und zuletzt eine Rück-R gestrickt wurde.

Die Käppchenabnahmen in der nächsten Hin-R beginnen und weiterhin verstärkt stricken, bis noch 11 M auf der Nd sind. 1 Übz stricken und die Arbeit wenden. Auf der anderen Nd sind 9 M. 1 M li abheben, ohne sie zu stricken und verstärkt stricken, bis 11 M übrig sind. 2 M li zusstr und die Arbeit wenden. 1 M re abheben, ohne sie zu stricken, und verstärkt stricken, bis 10 M übrig sind. 1 Übz stricken und die Arbeit wenden.

1 M li abheben, ohne sie zu stricken und verstärkt stricken, bis 10 M übrig sind. 2 M li zusstr und die Arbeit wenden.

So fortfahren, dabei werden die äußeren M in jeder R reduziert, die mittleren M bleiben gleich (10 M). Wenn die äußeren M aufgebraucht sind, die M der Fersenwand auf 2 Nd verteilen (5-5). 5 M re stricken, sodass der Faden zwischen der 1. und 4. Nd liegt.

FUSSTEIL

Aus dem Fersenrand mit der 1. Nd 17 M auffassen, mit der 4. Nd aus dem anderen Fersenrand ebenfalls 17 M auffassen. Die Arbeit hat jetzt 75 M. Mit dem Einstrickmuster laut Strickschrift B mit der 1. Rd beginnen. Die aus dem Fersenrand aufgefassten M re verschränkt stricken. Für die Zwickelabnahmen in den in der Strickschrift B angegebenen Rd (2, 4, 6, 8, 10, 12, 14 und 16) am Ende der 1. Nd 2 M re zusstr, am Anfang der 4. Nd 1 ssk oder Übz stricken. Die grau markierten Karos stellen keine Maschen dar. Nach den Zwickelabnahmen sind 59 M übrig (14-16-15-14). Mit dem Einstrickmuster weiter laut Strickschrift fortfahren. In der 40. Rd 1 M am Ende der 1. Nd abnehmen und die M auf den Nd verteilen: 14-15-15-14. Wenn alle 41 Rd laut Strickschrift B gestrickt sind, eine breite Bandspitze in der Grundfarbe arbeiten. Die Abnahmen zunächst in jeder 2. Rd stricken, bis insg. 38 M übrig sind (9-10-10-9). Danach in jeder Rd abnehmen.

1. und 3. Nd: re stricken, bis 3 M übrig sind; 2 M re zusstr, 1 M re.

2. und 4. Nd: 1 M re, 1 ssk, die restlichen M re stricken.

Wenn noch 10 M übrig sind (2-3-3-2), den Faden abschneiden und durch die restlichen M ziehen. Die Fadenenden vernähen und die Socken leicht dämpfen.

STRICKSCHRIFT A

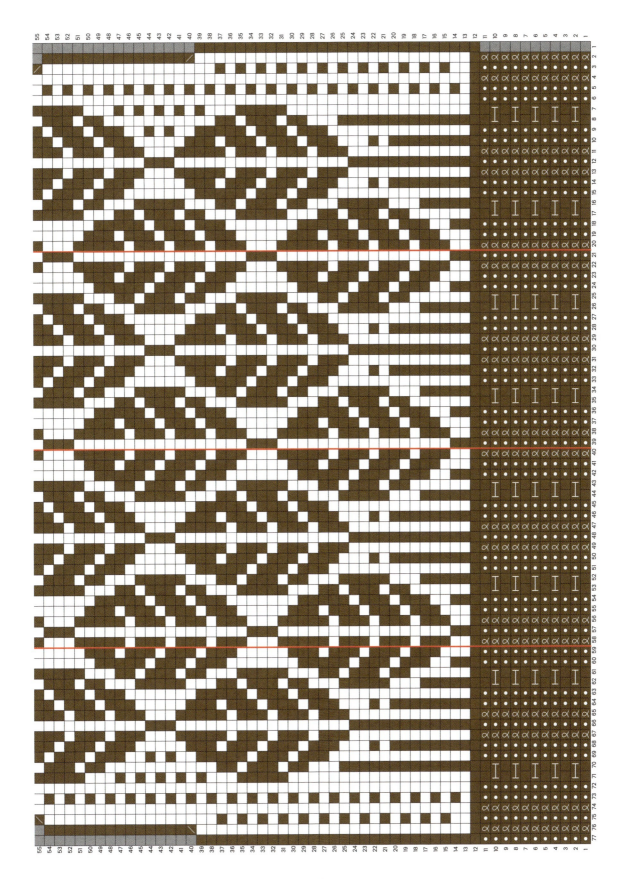

STRICKSCHRIFT B

	1 M rechts (Grundfarbe)
	1 M rechts (Musterfarbe)
	1 M rechts verschränkt (Musterfarbe)
	1 M links (Musterfarbe)
	1 Umschlag, 2 M re, den Umschlag über die gestrickten M ziehen (Musterfarbe)
	ssk: 2 M nacheinander wie zum Rechtsstricken abheben, zurück auf die linke Nd legen und von hinten zusstr (Musterfarbe)
	2 M re zusstr (Musterfarbe)
	ssk: 2 M nacheinander wie zum Rechtsstricken abheben, zurück auf die linke Nd legen und von hinten zusstr (Grundfarbe)
	2 M re zusstr (Grundfarbe)
	keine Masche
	Nadelverteilung

UNTER DEM PFLAUMENBAUM

Im Herbst erfreuen wir uns unter dem Pflaumenbaum seiner reichen Ernte. Auf der Oberfläche dieser Socken schlängelt sich ein wunderschönes Zopfmuster in ansprechender Farbe.

Größe: 37/38/39
Garn: Regia Premium Merino Yak, Himbeer (Fb 07517)
Garnverbrauch: 60 g
Nadelspiel: 2,5 mm, Hilfsnadel
Maschenprobe: 28 M und 36 Rd = 10 cm × 10 cm

BEVOR SIE BEGINNEN

Die rechte und die linke Socke werden gegengleich gearbeitet: Verwenden Sie für die rechte Socke die Strickschriften A1 und B1, für die linke Socke die Strickschriften A2 und B2.
Für Größe 37 beginnen Sie gleich nach Strickschrift B1/B2 mit den Spitzenabnahmen.

SCHAFT

64 M anschlagen und auf den Nd verteilen: 16-16-16-16. Zunächst 9 Rd im Bündchenmuster wie folgt stricken:

1. Nd: 1 re, 2 li, 2 re, 2 li, 2 re, 2 li, 2 re, 2 li, 1 re.

2. und 3. Nd: Laut Strickschrift A1/A2, Rd 1–9 stricken.

4. Nd: 1 re, 2 li, 2 re, 2 li, 2 re, 2 li, 2 re, 2 li, 1 re.

Mit der 1. und 4. Nd weiterhin re, mit der 2. und 3. Nd im Muster laut Strickschrift A1/A2 (Rd 10–54) stricken.

FERSE

Mit der verstärkten Fersenwand beginnen, dazu die M der 1. Nd auf die 4. Nd stricken (insg. 32 M). Die restlichen M bleiben ungestrickt. Die Arbeit wenden, die 1. M li abheben, ohne sie zu stricken, die übrigen M li stricken.

Hin-R: Die Arbeit wenden und *1 M abheben, ohne sie zu stricken, 1 M re", *–* bis R-Ende wiederholen.

Rück-R: Die Arbeit wenden und 1 M li abheben, ohne sie zu stricken, die übrigen M li stricken.

Diese zwei R wiederholen, bis für die Fersenwand 32 R gestrickt sind und zuletzt eine Rück-R gestrickt wurde.

Die Käppchenabnahmen in der nächsten Hin-R beginnen und weiterhin verstärkt stricken, bis noch 11 M auf der Nd sind. 1 ssk oder Übz stricken und die Arbeit wenden. Auf der anderen Nd sind 9 M. 1 M li abheben, ohne sie zu stricken, li stricken, bis 11 M übrig sind. 2 M li zusstr und die Arbeit wenden. 1 M abheben, ohne sie zu stricken, und verstärkt stricken, bis noch 10 M auf der Nd sind. 1 ssk oder Übz stricken und die Arbeit wenden. 1 M li abheben, ohne sie zu stricken, li stricken, bis 10 M übrig sind. 2 M li zusstr und die Arbeit wenden.

So fortfahren, dabei werden die äußeren M in jeder R reduziert, die mittleren M bleiben gleich (12 M). Wenn die äußeren M aufgebraucht sind, die M der Fersenwand auf 2 Nd verteilen (6-6). 6 M re stricken, sodass der Faden in der Fersenmitte zwischen der 1. und 4. Nd liegt.

FUSSTEIL

Aus dem linken Fersenrand mit der freien Nd 18 M auffassen. Die 6 M der 1. Nd stricken, danach die 18 aufgefassten M re verschränkt stricken. Mit der 2. und 3. Nd im Muster laut Strickschrift B1/B2 stricken, dabei mit Rd 1 beginnen.

Aus dem rechten Fersenrand 18 M auffassen und re verschränkt stricken, auf dieselbe Nd noch die 6 M der 4. Nd stricken. Die Arbeit hat jetzt 80 M.

Mit den Zwickelabnahmen beginnen: In jeder 2. Rd am Ende der 1. Nd 2 M re zusstr, am Anfang der 4. Nd 1 ssk oder Übz stricken. Mit der 2. und 3. Nd weiter im Muster stricken. Mit den Zwickelabnahmen fortfahren, bis 64 M (16-16-16-16) übrig sind. Mit der 1. und 4. Nd weiter re und mit der 2. und 3. Nd im Muster stricken. Wenn alle 57 Rd laut Strickschrift B1/B2 gestrickt sind, noch 3 Rd re stricken und mit den Spitzenabnahmen beginnen.

Eine breite Bandspitze arbeiten. Die Abnahmen in jeder 2. Rd stricken, bis noch 9 M pro Nd übrig sind, danach in jeder Rd abnehmen.

1. und 3. Nd: re stricken, bis 3 M übrig sind; 2 M re zusstr, 1 M re.

2. und 4. Nd: 1 M re, 1 ssk, die restlichen M re stricken.

Wenn noch 8 M insg. übrig sind, den Faden schneiden und durch die M ziehen. Die Fadenenden vernähen und die Socken leicht dämpfen.

STRICKSCHRIFT A1, RECHTE SOCKE STRICKSCHRIFT A2, LINKE SOCKE

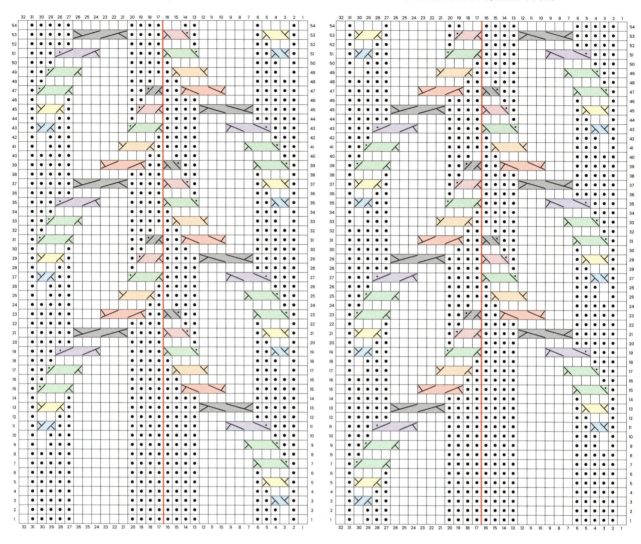

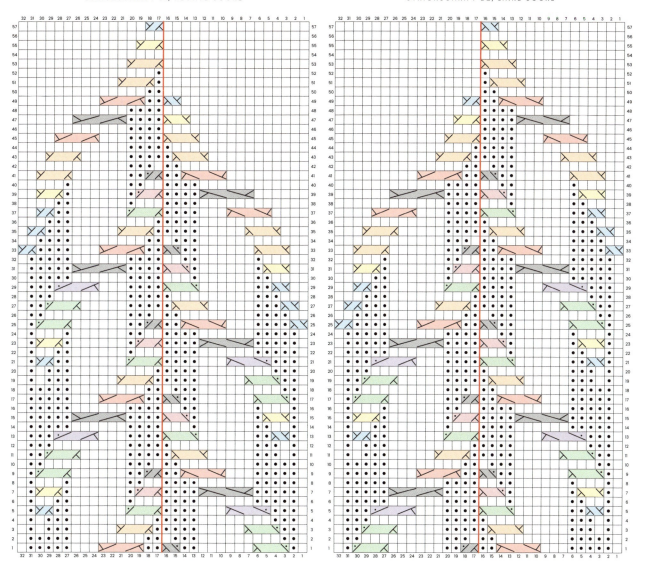

NORDKORN

Sich leise im Wind wiegende Getreidefelder, in der Ferne eine einsame Scheune. Es ist die Zeit der Einkehr und des Wartens – durchzuatmen und mit dem Gesicht gegen den Wind dem Winter entgegenzusehen. Die Zöpfe werden in diesem Modell von Knötchen akzentuiert.

Größe: 37/38/39/41
Garn: Novita Woolly Wood, Düne (Fb 603)
Garnverbrauch: 100 g
Nadelspiel: 3,0 mm, Hilfsnadel
Maschenprobe: 23 M und 30 Rd = 10 cm × 10 cm

BEVOR SIE BEGINNEN

Die rechte und die linke Socke werden gegengleich gearbeitet: Verwenden Sie für die rechte Socke die Strickschriften A1 und B1, für die linke Socke die Strickschriften A2 und B2. Für Größe 37 beginnen Sie gleich nach Strickschrift B1/B2 mit den Spitzenabnahmen, für Größe 41 werden vor den Spitzenabnahmen nach Abschluss von Strickschrift B1/B2 8 Rd re gestrickt.

Anleitung für die Knötchen
1 M re aus dem vorderen Rand auffassen, ohne die M von der Nd zu heben, 1 U, und dieselbe M erneut verschränkt stricken (aus einer Masche werden so 3 M). Diese 3 M zurück auf die linke Nadel legen, den Faden an den rechten Rand hinter die Arbeit legen und die Maschen rechts stricken. Diese 3 M noch einmal auf die linke Nadel legen und re stricken. Die Maschen nacheinander über die zuletzt gestrickte M ziehen. Es bleibt 1 M übrig.

SCHAFT

56 M anschlagen und auf den Nd verteilen – rechte Socke: 14-15-13-14, linke Socke: 14-13-15-14. Zunächst 7 Rd im Bündchenmuster wie folgt stricken:

Rechte Socke
1. Nd: *1 M re verschr, 1 M li*, *–* bis Nd-Ende wiederholen.
2. und 3. Nd: Laut Strickschrift A1, Rd 1–7 stricken.
4. Nd: *1 M re verschr, 1 M li*, *–* bis Nd-Ende wiederholen.

Linke Socke
1. Nd: *1 M li, 1 M re verschr*, *–* bis Nd-Ende wiederholen.
2. und 3. Nd: Laut Strickschrift A2, Rd 1–7 stricken.
4. Nd: *1 M li, 1 M re verschr*, *–* bis Nd-Ende wiederholen.

Dann den Schaft wie folgt weiterstricken: mit der 1. und 4. Nd das rechte Muster und mit der 2. und 3. Nd im Muster laut Strickschrift A1/A2 (Rd 8–43).

FERSE

Mit der verstärkten Fersenwand beginnen, dazu die M der 1. Nd auf die 4. Nd stricken (insg. 28 M). Die restlichen M bleiben ungestrickt. Die Arbeit wenden, die 1. M li abheben, ohne sie zu stricken, die übrigen M li stricken.

Hin-R: Die Arbeit wenden, *1 M abheben, 1 M re*, *–* die ganze R lang wiederholen.
Rück-R: Die Arbeit wenden und 1 M li abheben, ohne sie zu stricken, die übrigen M li stricken.

Diese zwei R wiederholen, bis für die verstärkte Fersenwand 28 R gestrickt sind und zuletzt eine Rück-R gestrickt wurde.

Die Käppchenabnahmen in der nächsten Hin-R beginnen und weiterhin verstärkt stricken, bis noch 9 M auf der Nd sind. 1 ssk oder Übz stricken und die Arbeit wenden. Auf der anderen Nadel sind 7 M. 1 M li abheben, ohne sie zu stricken, und verstärkt stricken, bis 9 M übrig sind. 2 M li zusstr und die Arbeit wenden. 1 M abheben, ohne sie zu stricken, und verstärkt stricken, bis 8 M auf der Nd übrig sind. 1 ssk oder Übz stricken und die Arbeit wenden. 1 M li abheben, ohne sie zu stricken, und verstärkt stricken, bis 8 M übrig sind. 2 M li zusstr und die Arbeit wenden.

So fortfahren, dabei werden die äußeren M in jeder R reduziert, die mittleren M bleiben gleich (12 M). Wenn die äußeren M aufgebraucht sind, die M der Fersenwand auf 2 Nd verteilen (6-6). 6 M re stricken, sodass der Faden zwischen der 1. und 4. Nd liegt.

FUSSTEIL

Aus dem linken Fersenrand mit der freien Nd 16 M auffassen. Die 6 M der 1. Nd stricken, danach die 16 aufgefassten M re verschränkt stricken. Mit der 2. und 3. Nd das Strickmuster laut Strickschrift B1/B2 stricken, mit der 1. Rd beginnen.

Aus dem rechten Fersenrand 16 M auffassen und re verschränkt stricken, auf dieselbe Nd noch die 6 M der 4. Nd stricken. Die Arbeit hat jetzt 72 M.

Mit den Zwickelabnahmen beginnen: In jeder 2. Rd am Ende der 1. Nd 2 M re zusstr, am Anfang der 4. Nd 1 ssk oder Übz stricken. Weiter mit der 2. und 3. Nd das Strickmuster laut Strickschrift B1/B2 stricken. Mit den Zwickelabnahmen fortfahren, bis 56 M übrig sind (rechte Socke: 14-15-13-14 und linke Socke 14-13-15-14). Mit der 1. und 4. Nd weiter re und mit der 2. und 3. Nd im Muster stricken. Wenn alle 44 Rd laut Strickschrift B1/B2 gestrickt sind, noch 4 Rd re stricken, die M auf den Nd verteilen (14-14-14-14) und mit den Spitzenabnahmen beginnen.

Eine breite Bandspitze arbeiten. Die Abnahmen in jeder 2. Rd stricken, bis noch 9 M pro Nd übrig sind, danach die Abnahmen in jeder Rd stricken.

1. und 3. Nd: re stricken, bis noch 3 M übrig sind, 2 M re zusstr und 1 M re.
2. und 4. Nd: 1 M re, 1 ssk, die restlichen M re stricken.

Wenn insg. noch 8 M übrig sind, den Faden abschneiden und durch die M ziehen. Die Fadenenden vernähen und die Socken leicht dämpfen.

STRICKSCHRIFT A1, RECHTE SOCKE   STRICKSCHRIFT A2, LINKE SOCKE

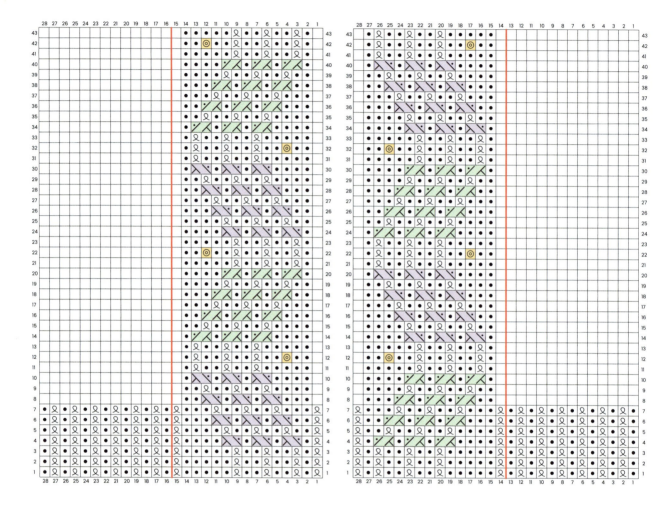

STRICKSCHRIFT B1, RECHTE SOCKE   STRICKSCHRIFT B2, LINKE SOCKE

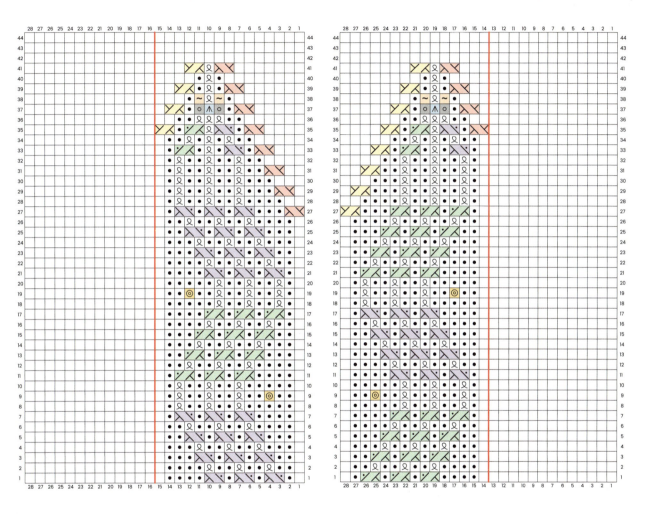

VOM WINDE VERWEHT

Sing mit dem Wind und lass die Blätter fliegen. Bald spüren wir die wilden Herbstwinde und mit ihnen, wie der Winter naht. Es ist die Zeit, den Garten ruhen zu lassen und die Erinnerung an den Sommer in unserem Herzen zu tragen.

Größe: 39
Garn und Garnverbrauch: Grundfarbe Gjestal Janne,
120–130 g Beige (Fb 452),
Musterfarben 60–70 g Braun (Fb 455) und
45–50 g Meliertes Braun (Fb 493)
Nadelspiel: 3,5 mm, Hilfsnadel
Maschenprobe: 20 M und 26 Rd = 10 cm × 10 cm

BEVOR SIE BEGINNEN

Die Strickschrift wird von unten nach oben und von rechts nach links gelesen. Die Anleitung gilt für zwei Schäfte unterschiedlicher Größe (mittel und breit). Laut Strickschrift A1 gearbeitete Socken haben eine Schaftbreite, die für Waden mit einem Umfang von ca. 35–39 cm passt. Strickschrift A2 ergibt Socken für Waden mit einem Umfang von ca. 40–45 cm. Ferse und Fußteil werden bei beiden Größen nach derselben Anleitung gestrickt.

SCHAFT *(mittelgroß)*

64 M in der Grundfarbe anschlagen und auf den Nd verteilen: 15-17-16-16. Das Bündchenmuster laut Strickschrift A1, Rd 1–10 stricken. Die 11. Rd re und nach Strickschrift 2 M zunehmen, die M auf den Nd verteilen: 16-17-16-17.

Das Einstrickmuster laut Strickschrift A1 ab der 12. Rd beginnen. Den Schaft laut Strickschrift arbeiten, dabei in den unten genannten Rd im Anfangsbereich der 1. Nd und am Ende der 4. Nd an geeigneter Stelle abnehmen.

Abnahmen:
36. Rd: 1 M am Ende der 4. Nd abnehmen (die Arbeit hat 65 M).
51. Rd: 2 M abnehmen (die Arbeit hat 63 M).
60. Rd: 2 M abnehmen (die Arbeit hat 61 M).
Achtung: In der 66. Rd die M neu verteilen: 18-13-12-18.
67. Rd: 2 M abnehmen (die Arbeit hat 59 M).
73. Rd: 2 M abnehmen (die Arbeit hat 57 M).
78. Rd: 2 M abnehmen (die Arbeit hat 55 M).
83. Rd: 2 M abnehmen (die Arbeit hat 53 M).
88. Rd: 1 M abnehmen (die Arbeit hat 52 M).
98. Rd: 1 M abnehmen (die Arbeit hat 51 M).
Wenn alle 102 Rd für den Schaft gestrickt sind, die M auf den Nd verteilen: 13-13-12-13.

SCHAFT *(breit)*

70 M in der Grundfarbe anschlagen und auf den Nd verteilen: 19-17-16-18. Das Bündchenmuster laut Strickschrift A2, Rd 1–10 stricken. Die 11. Rd re und nach Strickschrift 3 M zunehmen und auf den Nd verteilen: 20-17-16-20.

Das Einstrickmuster laut Strickschrift A2 ab der 12. Rd beginnen. Den Schaft laut Strickschrift arbeiten, dabei in den unten genannten Rd im Anfangsbereich der 1. Nd und im Endbereich der 4. Nd laut Strickschrift wie folgt abnehmen.

Abnahmen:
34. Rd: 2 M abnehmen (die Arbeit hat 71 M).
48. Rd: 2 M abnehmen (die Arbeit hat 69 M).
54. Rd: 2 M abnehmen (die Arbeit hat 67 M).
60. Rd: 2 M abnehmen (die Arbeit hat 65 M).
Achtung: In der 66. Rd die M neu verteilen: 20-13-12-20.
67. Rd: 2 M abnehmen (die Arbeit hat 63 M).
72. Rd: 1 M abnehmen (die Arbeit hat 62 M).
77. Rd: 1 M abnehmen (die Arbeit hat 61 M).
78. Rd: 2 M abnehmen (die Arbeit hat 59 M).
80. Rd: 2 M abnehmen (die Arbeit hat 57 M).
84. Rd: 2 M abnehmen (die Arbeit hat 55 M).
88. Rd: 2 M abnehmen (die Arbeit hat 53 M).
90. Rd: 1 M abnehmen (die Arbeit hat 52 M).
99. Rd: 1 M abnehmen (die Arbeit hat 51 M).
Wenn alle 102 Rd für den Schaft gestrickt sind, die M auf den Nd verteilen: 13-13-12-13.

FERSE

Mit der verstärkten Fersenwand in der Grundfarbe beginnen und dazu die M der 1. Nd auf die 4. Nd stricken (insg. 26 M). Die restlichen M bleiben ungestrickt. Die Arbeit wenden, die 1. M li abheben, ohne sie zu stricken, die übrigen M li stricken. Gleichzeitig 2 M abnehmen, damit die Ferse 24 M hat.

Hin-R: Die Arbeit wenden, *1 M abheben, ohne sie zu stricken, 1 M re*, *–* bis R-Ende wiederholen.

Rück-R: Die Arbeit wenden, 1 M li abheben, ohne sie zu stricken, die übrigen M li stricken.

Diese zwei R wiederholen, bis für die Fersenwand 24 R gestrickt sind und zuletzt eine Rück-R gestrickt wurde. Die Käppchenabnahmen in der nächsten Hin-R beginnen und weiterhin verstärkt stricken, bis noch 9 M auf der Nd sind. 1 Übz stricken und die Arbeit wenden. Auf der anderen Nd sind 7 M. 1 M li abheben, ohne sie zu stricken, li stricken, bis 9 M übrig sind. 2 M li zusstr und die Arbeit wenden. 1 M re abheben, ohne sie zu stricken, und verstärkt stricken, bis 8 M übrig sind. 1 Übz stricken und die Arbeit wenden. 1 M li abheben, ohne sie zu stricken, und li stricken, bisnoch 8 M übrig sind. 2 M li zusstr und die Arbeit wenden.

So fortfahren, dabei werden die äußeren M in jeder R reduziert, die mittleren M bleiben gleich (8 M). Wenn die äußeren M aufgebraucht sind, die M der Fersenwand auf 2 Nd verteilen (4-4). 4 M re stricken, sodass der Faden in der Fersenmitte der 1. und 4. Nd liegt.

FUSSTEIL

Aus dem Fersenrand mit der 1. Nd 14 M auffassen, mit der 4. Nd aus dem anderen Fersenrand ebenfalls 14 M auffassen. Die Arbeit hat jetzt 61 M. Mit dem Einstrickmuster laut Strickschrift B mit der 1. Rd beginnen. Die aus dem Fersenrand aufgefassten M re verschränkt stricken. Für die Zwickelabnahmen in den in der Strickschrift B angegebenen Rd (2, 4, 6, 8, 10 und 12) am Ende der 1. Nd 2 M re zusstr, am Anfang der 4. Nd 1 ssk oder Übz stricken. Die grau markierten Karos stellen keine Maschen dar. Nach den Zwickelabnahmen sind 49 M übrig (12-13-12-12). Mit dem Einstrickmuster weiter laut Strickschrift fortfahren. In Rd 21 am Ende der 4. Nd 1 M abnehmen und die M auf den Nd verteilen: 12-12-12-12. Wenn 38 Rd laut Strickschrift B gestrickt sind, mit den Spitzenabnahmen beginnen.

Eine breite Bandspitze in der Grundfarbe arbeiten. Die Abnahmen in jeder 2. Rd stricken, wenn noch 8 M auf jeder Nd übrig sind (insg. 32 M), die Abnahmen in jeder Rd stricken.

1. und 3. Nd: re stricken, bis 3 M übrig sind; 2 M re zusstr, 1 M re.

2. und 4. Nd: 1 M re, 1 ssk, die restlichen M re stricken.

Wenn insg. noch 8 M übrig sind, den Faden abschneiden und durch die M ziehen. Die Fadenenden vernähen und die Socken leicht dämpfen.

STRICKSCHRIFT A1 MITTELGROSSE WADE

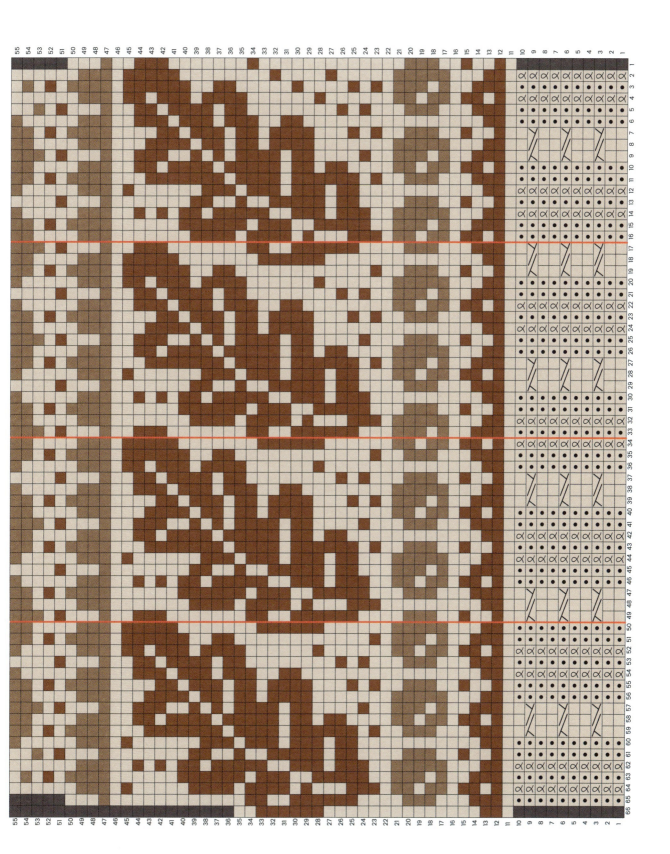

STRICKSCHRIFT A2 BREITE WADE

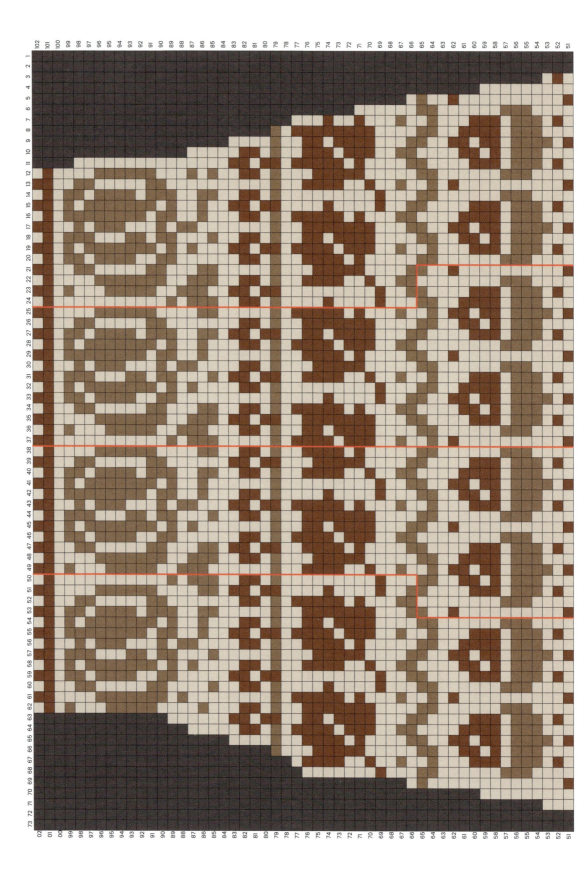

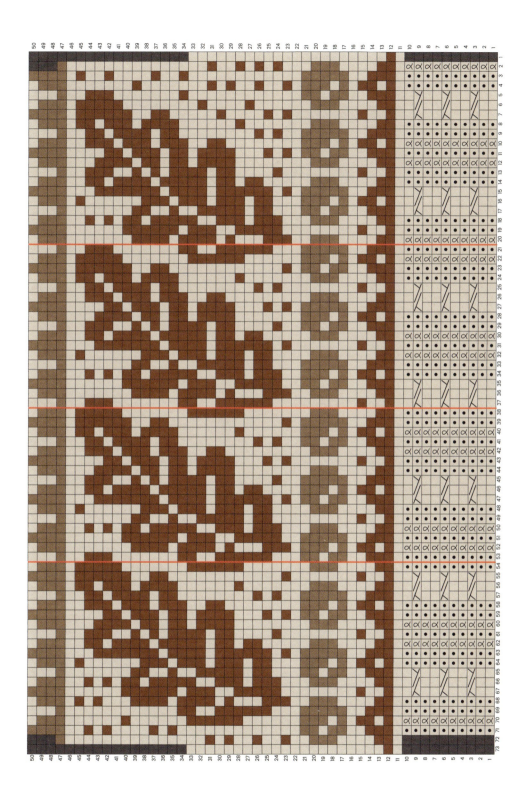

STRICKSCHRIFT B

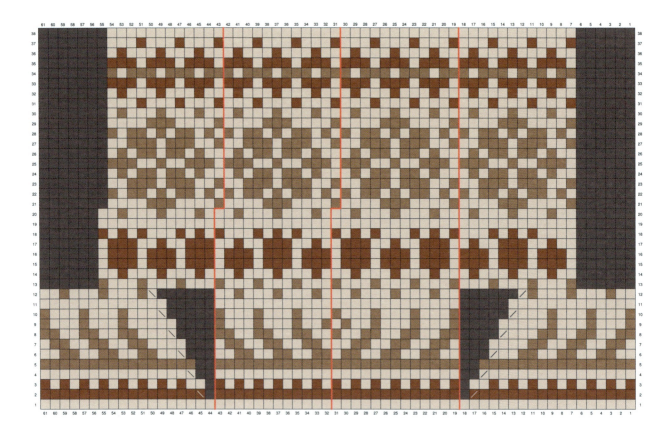

1 M rechts (Grundfarbe)

1 M rechts (Braun)

1 M rechts (meliertes Braun)

1 M rechts verschränkt (Grundfarbe)

1 M links (Grundfarbe)

1 M auf eine Hilfsnadel vor die Arbeit legen, 2 M re, die M der Hilfsnadel re (Grundfarbe)

2 M nacheinander wie zum Rechtsstricken abheben, zurück auf die linke Nd legen und von hinten zusstr (Grundfarbe)

2 M re zusstr (Grundfarbe)

2 M nacheinander wie zum Rechtsstricken abheben, zurück auf die linke Nd legen und von hinten zusstr (Braun)

2 M rechts zusstr (Braun)

keine Masche

Nadelverteilung